Inhalt

1 Annäherungen

1.1 Zeit, Zukunft und Geschichte

M1 Zeitlose Hoffnungsworte?

- Dum spiro, spero. – Solange ich atme, hoffe ich.
- Die Hoffnung stirbt zuletzt.
- Ich hoffe auf das, was ich nicht sehe!
- Die Hoffnung stirbt zuletzt, doch auch sie wird einmal den Tod sehen.
- Wer hofft, hat das Leben noch nicht aufgegeben.
- Hoffnung ist ein Herzwort.
- Hoffnung schmälert Traurigkeit.
- Hoffnung lässt nicht zuschanden werden!
- Wer mit Hoffnung fährt, hat Armut zum Kutscher.
- Wer hofft, bleibt nicht beim Bestehenden stehen.
- Hoffnung ist der erste Schritt auf dem Weg der Enttäuschung!
- Hoffnung aus Prinzip ist keine Hoffnung.
- Hoffnung ist etwas für schlecht informierte Leute.
- Wer hofft, winselt bloß um Gnade.
- „Wer die Osterbotschaft gehört hat, der kann nicht mehr mit tragischem Gesicht herumlaufen und die humorlose Existenz eines Menschen führen, der keine Hoffnung hat.“ (Karl Barth)
- „Seid allezeit bereit zur Verantwortung vor jedermann, der von euch Rechenschaft fordert über die Hoffnung, die in euch ist.“ (1Petr 3,15)

M2 Enzyklika Spe salvi („Über die christliche Hoffnung“, Benedikt XVI., 30. November 2007)

Ja, wir müssen alles tun, um Leid zu überwinden, aber ganz aus der Welt schaffen können wir es nicht – einfach deshalb nicht, weil wir unsere Endlichkeit nicht abschütteln können und weil niemand von uns imstande ist, die Macht des Bösen, der Schuld, aus der Welt zu schaffen, die immerfort – wir sehen es – Quell von Leiden ist. Das könnte nur Gott: Nur ein Gott, der selbst in die Geschichte eintritt, Mensch wird und in ihr leidet.

M3 Die Hoffnung hat's schwer (Karikatur)

M4 Farben der Hoffnung

ZUVERSICHT
ZUKUNFT
ZUTRAUEN
VERTRAUEN

RECHNEN MIT
ZÄHLEN AUF
TRAUEN
INS AUGE FASSEN
NICHT AUFGEBEN

VERSPRECHUNGEN
TÄUSCHUNG
AUSSICHT
MUT
ERWARTUNG

MÖGLICHKEITEN
ANNAHME
MUTMASSUNG
WUNSCH
GLAUBE

AHNUNGEN
AUSWEG
CHANCE
OPTIMISMUS

LICHTBLICK
ANKER
HOFFNUNGSSCHIMMER
GEWISSHEIT

Anregungen zur Weiterarbeit

1. Beschreiben Sie die verschiedenen Annäherungen von M 1 bis M 4 an ein „Welt- und Geschichtsverständnis aus christlicher Hoffnung“. Berücksichtigen Sie dabei auch die Form, d. h. Text- bzw. Darstellungsweise und Gestaltung.
2. Formulieren Sie ausgehend von M 2 Fragen, Themen, Probleme und Herausforderungen, die von der Frage nach der Hoffnung berührt werden. Strukturieren Sie diese im Blick auf eher persönliche und eher allgemeine Fragestellungen bzw. Bereiche.
3. Setzen Sie z. B. sprachlich, gestalterisch, musikalisch eine erste vorläufige Definition von Hoffnung um.

M5 Freude, Fakten, Fragen (Reinhard Slenczka, 2008)

Als christliche Gemeinde erwarten wir die sichtbare Wiederkunft unseres Herrn Jesus Christus in seiner göttlichen Herrlichkeit. Von dem Gekreuzigten und Auferstandenen wissen und bekennen wir: „... er sitzt zur Rechten Gottes, des allmächtigen Vaters; von dort wird er kommen, zu richten die Lebenden und die Toten." So erwarten wir die ‚Auferstehung der Toten und das ewige Leben'.

Dieses Bekenntnis ist Grund und Ausdruck der „Freude im Herrn, der nahe ist" (Phil 4,4f). Diese Freude besteht jedoch nicht einfach in einem Gefühl befriedigten Wohlbefindens. [...] Das sagt uns der Herr in den Seligpreisungen am Anfang der Bergpredigt auch im Gegensatz zu aller negativen Erfahrung im Leben: „Seid fröhlich und getrost; es wird euch im Himmel reichlich belohnt werden. Denn ebenso haben sie verfolgt die Propheten, die vor euch gewesen sind" (Mt 5,12). Ebenso verkündet der Herr die „Freude im Himmel über einen Sünder, der Buße tut", und es fällt bei den drei Beispielen Lk 15 vom verlorenen Schaf, vom verlorenen Groschen und vom verlorenen Sohn auf, dass uns elfmal das Wort „Freude, freuen" begegnet. Und der Apostel Paulus ermahnt seine Gemeinde: „Denn das Reich Gottes ist nicht Essen und Trinken, sondern Gerechtigkeit und Friede und Freude in dem heiligen Geist" (Röm 14,17).

Gerade wenn es um den Tod und das Ende der Welt geht, ist es wichtig, darauf zu achten, wie häufig im Alten und im Neuen Testament dieser Aufruf zur Freude in der Erwartung eines drohenden Endes vorkommt. Die Ermunterung zur Freude klingt oft wie ein Befehl, der aber seinen guten Grund in dem hat, was Gott uns in seinem Wort von Ziel und Ende unseres Lebens und dieser Welt verheißt und lehrt. Was wir im Herzen glauben und mit dem Mund bekennen (Röm 10,10), ist freilich für unsere Vernunft unbegreiflich, weil es dazu keinerlei Entsprechung in der Erfahrung des Lebens in dieser Welt gibt. So ist es verständlich, wenn wir dann zurückhaltend oder gar stumm werden. Es ist leichter und erscheint dringlicher, von den Aufgaben dieses Lebens und der uns umgebenden Welt zu sprechen als von einem zukünftigen ewigen Leben und einer neuen Welt. Der Vorwurf der Weltflucht und Verantwortungslosigkeit drängt sich rasch auf.

Nicht zu übersehen und zu überhören ist jedoch, dass die Welt, vor der wir als Christen vielleicht bisweilen zaghaft verstummen, bei dem Thema Zukunft, Endzeit, Weltuntergang, Jenseits und Leben nach dem Tod keineswegs so stumm ist, sondern durchaus redselig und umtriebig. Todesanzeigen in Zeitungen, Traueransprachen und Nachrufe bei Todesfällen führen uns täglich vor, wie wir Menschen versuchen, mit dem fertig zu werden, was uns die Sprache verschlägt. Hilflosigkeit bei der Vorbereitung und Begleitung von Sterbenden entwickelt eigene Programme, Einrichtungen und Gewerbe. Die Furcht vor einem möglicherweise von Menschen selbst verschuldeten Weltuntergang angesichts von Naturkatastrophen und die Versuche, die Zukunft zu berechnen oder das Jenseits der Todesgrenze zu durchdringen, führen in ein weites Feld von Nachfragen und Angeboten, in denen die Horizonte von Politik, Wissenschaft und Religion verschwimmen, um eine gerechte Weltordnung durchzusetzen. Nichts gibt es, was dabei nicht mit Glauben zu tun hätte; vieles aber, wo die Unterscheidung von wahrem und falschem Glauben für Leben und Sterben im wörtlichen Sinne notwendig ist. Als christliche Gemeinde haben wir daher keineswegs nur nach Möglichkeiten zu suchen, den christlichen Glauben zu verstehen, sondern wir haben die Wahrheit des Glaubens gegenüber mancherlei Unglauben und Aberglauben zu bezeugen und festzuhalten.

In diesem Sinne geht es um die Einweisung in die christliche Endzeiterwartung. Das Wort Gottes in der Heiligen Schrift öffnet uns den Blick für das, was auf uns und auf diese Welt zukommt, weil wir den kennen und zu dem gehören, der wiederkommen wird: Jesus Christus, der Sohn Gottes.

Der Zustand des Glaubens im Blick auf die Wiederkunft Christi ist die Erwartung.

Die Tat des Glaubens aber ist die Vorbereitung auf diese kommenden Ereignisse, wie sie uns im Wort Gottes angesagt werden.

Nicht ob wir dieses oder jenes verstehen oder nicht verstehen können oder wollen, sondern dass wir dieses bestehen, ist die Aufgabe, die sich uns hier stellt.

Zur Erfahrung dieses Glaubens gehören Anfechtungen und Versuchungen, wie sie gerade für die Endzeit vom Herrn angekündigt werden. Wachsamkeit und Unterscheidung ist geboten, wo uns in dieser Welt und in unserem Bewusstsein viele Angebote für die Bewältigung der Gegenwart im Blick auf die Zukunft begegnen, die keineswegs nur abschreckend, sondern oft genug faszinierend sind.

Man kann diese Voraussetzungen und Vorentscheidungen als Dogmen oder Prinzipien bezeichnen, die freilich leicht einen spontanen Widerspruch auslösen, aber das liegt im Wesen der Sache. Allerdings ist der Antidogmatismus, für den „Dogma" ein Reizwort und „dogmatisch" ein Schimpfwort ist, das deutlichste Kennzeichen von Dogmen, die jedoch rational schwer zu artikulieren sind. [...] Doch [...] Dogma ist eine Realität jedes Glaubens, Denkens und Urteilens. Daher ist es nicht die Frage, ob man Dogmen hat, sondern welche Dogmen man hat. Das stärkste, aber auch am wenigsten bewusste Dogma liegt in der Redewendung: „... das ist doch heute so ...", negativ: „... das geht doch heute nicht mehr ...".

Anregungen zur Weiterarbeit

1. Stellen Sie M 5 in Form einer Mindmap dar: Welche Fragen, Fakten und Fantasien werden vom Autor ausdrücklich zur Sprache gebracht? Welche fehlen möglicherweise?
2. Entwerfen Sie fiktive Fragen an den Autor zu seinen Ausführungen.
3. Benennen Sie die Vorentscheidungen und Voraussetzungen, die der Autor für seine „Einweisung in die christliche Endzeiterwartung" (Z. 66 f.) aufführt.

1.2 Endlich leben – Spuren der Endlichkeit

M1 Der Johannisbrotbaum (Chassidische Weisheit)

Einer sah einmal einen Mann, der einen Johannisbrotbaum pflanzte. Er blieb bei ihm stehen und sah ihm zu und fragte: „Wann wird das Bäumchen denn die ersten Früchte tragen?"
Der Mann antwortete: „In etwa siebzig Jahren!"
„Aber was gibst du dir dann solche Mühe?! In siebzig Jahren lebst du sicher nicht mehr und kannst die Früchte deiner Arbeit nicht mehr genießen. Warum pflanzt du nicht einen Baum, der früher Früchte trägt? Da hast du dann wenigstens etwas davon!"

Der Mann aber war fertig mit seiner Arbeit, schaute glücklich aus und antwortete: „Weißt du, als ich zur Welt kam, da fand ich eine Menge Johannisbrotbäume vor und aß von ihnen. Keinen davon hatte ich gepflanzt. Das hatten andere vor mir getan. Wenn ich das genossen habe, wofür ich keinen Finger gekrümmt habe, so will ich einen Baum pflanzen für meine Kinder oder Enkel. Sie sollen etwas davon haben und die Früchte genießen. Wir Menschen können nur bestehen, wenn einer dem anderen die Hand reicht!"

M2 Wenn ich wüsste (nach dem 11. September 2001)

Wenn ich wüsste, dass es das letzte Mal ist,
dass ich dich einschlafen sehe,
würde ich dich besser zudecken
und zu Gott beten, er möge deine Seele schützen.
Wenn ich wüsste, dass es das letzte Mal ist,
dass ich dich zur Türe rausgehen sehe,
würde ich dich umarmen und küssen
und dich für einen weiteren Kuss zurückrufen.
Wenn ich wüsste, dass es das letzte Mal ist,
um einen Moment innezuhalten und dir zu sagen
Ich mag dich, anstatt davon auszugehen:
du weißt, dass ich dich mag,
würde ich alle Fantasie aufbringen, um dich das noch einmal
besonders deutlich spüren zu lassen.
Wenn ich wüsste, dass es das letzte Mal ist,
dass ich da sein kann, um den Tag mit dir zu teilen,
weil ich sicher bin, dass es noch manchen Tag geben wird,
sodass ich diesen einen Tag verstreichen lassen kann,
würde ich rund um die Uhr ganz für dich da sein.
Es gibt sicherlich immer ein *Morgen*,
um ein *Versehen* oder einen *Irrtum* zu begehen.
Und wir erhalten immer eine zweite Chance,
um einfach alles in Ordnung zu bringen.
Es wird immer einen anderen Tag geben,
um zu sagen: *Ich mag dich.*
Und es gibt bestimmt eine weitere Chance,
um zu sagen: *Kann ich etwas für dich tun?*
Aber nur für den Fall, dass ich falsch liegen sollte,
und es bleibt nur der heutige Tag,
möchte ich dir sagen, wie sehr ich dich mag.
Und ich hoffe, dass wir nie vergessen:
Das *Morgen* ist niemandem versprochen,
weder Jung noch Alt.
Und heute könnte die letzte Chance sein,
die du hast, um deinen Freunden nahe zu sein.
Wenn du also auf Morgen wartest,
weshalb tust du es nicht heute?
Falls das *Morgen* niemals kommt,
wirst du bestimmt bereuen,
dass du dir keine Zeit genommen hast
für ein Lächeln, eine Umarmung oder einen Kuss,
und dass du zu beschäftigt warst,
um jemandem etwas zuzugestehen,
was sich im Nachhinein als sein letzter Wunsch herausstellt.
Halte die Menschen, denen du zugeneigt bist,
heute ganz fest und flüstere ihnen ins Ohr,
sag ihnen, wie sehr du sie magst
und dass du sie immer mögen wirst.
Nimm dir Zeit zu sagen: *Es tut mir leid*,
Bitte verzeih mir!, *Danke* oder *Ist in Ordnung*.
Und wenn es kein Morgen gibt,
musst du den heutigen Tag nicht bereuen!

Anregungen zur Weiterarbeit

1. Formulieren Sie aus den Texten M 1 bis M 3 jeweils eine Lebensweisheit.
2. Erläutern Sie die Unterschiede und Gemeinsamkeiten der Texte M 1 bis M 3 unter Berücksichtigung ihres Genres und Kontextes. Vergleichen Sie diese auch mit M 6. Diskutieren Sie mögliche anthropologische Konsequenzen der vier Texte.

M3 Der Trick dabei (Hartmut Engler, PUR, 2013)

Wir hecheln den Erfolgen hinterher
wir haben keine Zeit
ruhig durchzuatmen.
Jedes Handeln folgenschwer
die Träume leer.
Wir hören auf die Uhr, die lauter tickt,
wir tragen die Verantwortung fürs Gestern
und wir machen uns verrückt.
Die Uhr, sie tickt.
Lass sie ticken, lass sie rennen
bis wir erkennen:

Wir sind sterblich.
Sterblich und vergänglich.
Doch hier und jetzt lebendig
und nur das zählt.

Wir dreh'n für uns die Welt.
Okay – wir sind sterblich.
Sterblich und vergänglich
doch hier und jetzt lebendig.
Den Augenblick auszukosten
ist der Trick dabei.
Der Trick dabei.

Wir planen unsre Sorgen
im Detail
und wir blicken ängstlich
in das Morgen
und die Zukunft zieht vorbei
alles einerlei
Wir suchen ineinander
Trost und Halt
wie konnten wir so lang
dafür zu jung sein
und dann plötzlich schon so alt
uns wird ganz kalt.
Und wir frieren, bis wir spüren
dass wir leben.

Wir sind sterblich.
Sterblich und vergänglich.
Doch hier und jetzt lebendig
und nur das zählt.

Wir dreh'n für uns die Welt.
Okay – wir sind sterblich.
Sterblich und vergänglich
doch hier und jetzt lebendig.
Den Augenblick auszukosten
ist der Trick dabei.
Der Trick dabei.

Alles scheint uns endlich
vielleicht ist da noch mehr
vielleicht wartet am Ende dann
die Ewigkeit auf uns –
wer weiß?

Wir sind sterblich.
Sterblich und vergänglich.
Doch hier und jetzt lebendig
und nur das zählt.

Wir dreh'n für uns die Welt.
Okay – wir sind sterblich.
Sterblich und vergänglich
doch hier und jetzt lebendig.
Den Augenblick auszukosten
ist der Trick dabei.
Der Trick dabei.

Wir sind sterblich.
Sterblich und vergänglich
doch hier und jetzt lebendig.
Den Augenblick zu schmecken
zu riechen – zu leben –
so richtig auszukosten
ist der Trick dabei.
Der Trick dabei.

M4 Hoffnung (Richard Rohr, 2012)

Hoffnung ist nicht der vage Glaube,
dass „alles irgendwie gut gehen" wird.
Biblische Hoffnung ist die Gewissheit,
dass alle Dinge,
ganz gleich, wie sie sich entwickeln,
am Ende vom Sieg des Lebens erzählen.

M5 Zefanja 3,17 (Luther-Übersetzung 1984)

Anregungen zur Weiterarbeit

1. Setzen Sie M 4 und M 5 miteinander in Beziehung.
2. Analysieren Sie die Gestaltung von M 5 im Hinblick auf den Bibeltext (Zefanja 3,17).
3. Erörtern Sie, was Richard Rohr mit der Formulierung „Sieg des Lebens" (Z. 6) in M 4 konkret ausdrücken will.

M 6 Wie tief kann ich fallen (Manfred Siebald)

Wie tief kann ich fallen, wenn alles zerfällt
Wenn Brücken und Stützen verschwinden?
Wie lang muss ich laufen auf dieser Welt
Um sicheren Boden zu finden?

Nie tiefer als in Gottes Hand
Nie länger als in seiner Nähe.
Nie bau ich mein Leben auf Sand
Wenn ich jeden Schritt mit ihm gehe.

Wie frei kann ich werden?
Man hält sich für frei
Und hört doch nicht auf, sich zu binden.
Wie klar kann ich sehen?
Wer hilft mir dabei
Das Ziel meines Lebens zu finden?

Nie freier als in Gottes Hand
Nie klarer als in seiner Nähe.
Nie bau ich mein Leben auf Sand
Wenn ich jeden Schritt mit ihm gehe.

Wie weit kann ich denken?
Wie komm ich dahin
Nicht nur für mich selber zu leben?
Wie gut kann ich helfen
Wenn andre sich mühn
Den Berg ihrer Sorgen zu heben?

Nie weiter als in Gottes Hand
Nie besser als in seiner Nähe.
Nie bau ich mein Leben auf Sand
Wenn ich jeden Schritt mit ihm gehe.

M 7 Verkehrte Welt der Woche

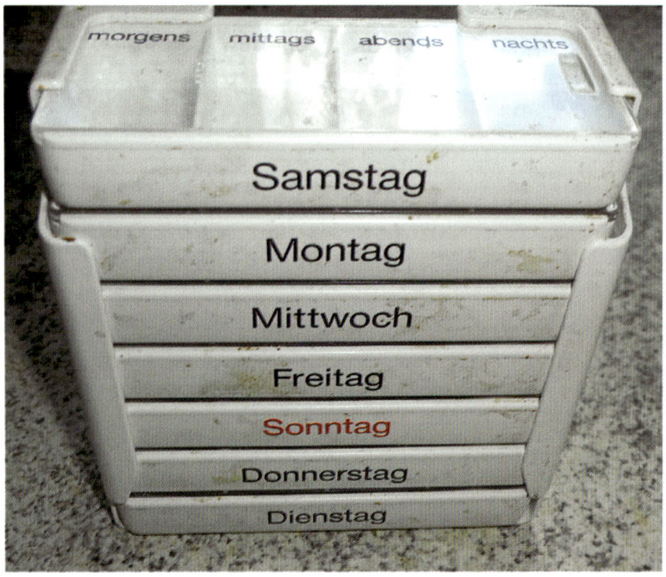

M 8 Über den Dächern der Stadt

M 9 Liebesschlösser an einer Rheinbrücke

Anregungen zur Weiterarbeit

1. Erläutern Sie für M 7 bis M 9 einen Bezug zum Stichwort „Spuren der Endlichkeit" bzw. „Endlich leben" und geben Sie den jeweiligen Fotos einen entsprechenden eigenen Titel.
2. Vergleichen Sie M 10 und M 11 miteinander. Untersuchen Sie die in den Texten vertretene Vorstellung einer Begegnung mit „der Welt" und eines Selbstverständnisses von Kirche und Glaube.
3. Fassen Sie Ihr Textverständnis von M 11 in einem grafischen Konspekt zusammen (S. 76, Methodenseite).
4. Notieren Sie Ihre eigenen Erinnerungen an die Osterzeit und Ihre Erfahrungen, Erlebnisse und Eindrücke rund um Ostern während Ihrer Kindheit. Vergleichen Sie diese anschließend mit denen Ihres Tischnachbarn/Ihrer Tischnachbarin.

M10 Ecclesia semper reformanda? (Bischof Dr. Rudolf Voderholzer, Regensburg, 20. Juni 2013)

Reform ja! Aber richtig! Vielleicht mag mancher enttäuscht sein: Erneuerung in der Kirche heißt nicht, den Zölibat abzuschaffen, sondern die Umkehr jedes Einzelnen zum Ursprung des Christlichen: Jesus von Nazareth.

Reform ist gut, Reform muss sein. Natürlich auch in der Kirche. Ecclesia semper reformanda – die Kirche ist eine stets zu erneuernde. Aber worin genau besteht diese Erneuerung? *Eine Klarstellung:* Reform oder Erneuerung der Kirche kann nicht Abschaffung und Ersetzung durch etwas anderes bedeuten. Reform hat ein Subjekt. Reformiert wird ein Jemand, der sich durch die Reform und nach der Reform wiedererkennen kann. Ja, besser wiedererkennen können muss als vorher. Christliche Erneuerung hat ihr Maß stets im Ursprung des Christlichen. Dieser Ursprung ist nicht eine fromme Weltanschauung oder eine Philosophie, sondern eine Person – Jesus von Nazareth, den seine Jünger als den Christus, den Messias, erkannten. Alles wahrhaft Christliche wird deshalb immer mit ihm in Beziehung stehen müssen. Der Anfang des Christentums selbst ist ein Erneuerungsgeschehen. Das Christus-Ereignis ist vorbereitet durch die Geschichte Gottes mit seinem Volk Israel, den Alten Bund. Der von Christus gestiftete Neue Bund ist die endgültige Erneuerung des Alten. Das Neue Testament ist gewissermaßen das auf Christus hin, also auf seine Erfüllung, gedeutete Alte Testament.

In Christus, der gehorsam war bis zum Tod am Kreuz, ist der Ungehorsam des alten Adam gesühnt und der Weg zum neuen Menschsein in Christus – dem neuen Adam – eröffnet. Es ist der Übergang vom alten zum neuen Menschen, der Übergang von der Selbstsucht zur Liebe; vom Menschen, wie er nun einmal ist, zu jenem Menschen, wie er einmal und für immer werden soll. Das heißt aber auch: Wahre christliche Erneuerung kann immer nur beginnen mit einer Rückkehr und Hinkehr zur Taufgnade. Ohne Umkehr des Einzelnen keine Reform. *„Herr, erneuere Deine Kirche", lautet ein altes Gebet, „und fange bei mir an!"*

Welche strukturellen Mängel oder Fehler sind heute zu beheben? Ich nenne drei Punkte.

Erstens: Die für die abendländische Kirche problematische allzu enge Verbindung von Kirche und Staat. Gewiss, wir verdanken Kaiser Konstantin im 4. Jahrhundert die Beendigung der Christenverfolgungen, die Einführung des (staatlich geschützten) Sonntags und des Weihnachtsfestes. Dass aber in der Folge die Kirche sich in den Dienst der Sicherung der Reichseinheit und den Aufbau des Staatswesens nehmen ließ und im Mittelalter Bischöfe zu Fürsten wurden, gehört zu den Hypotheken, die das Zeugnis der Kirche verdunkeln können. Wir sind hier auf einem guten Weg der „Entweltlichung", freilich müssen noch etliche Schritte folgen – nicht im Sinne eines Rückzugs aus der Welt, sondern eines wahrhaft christlichen Dienstes für die Welt.

Zweitens: Die Reformation hat aufseiten der katholischen Kirche die Gefahr einer „negativen Identität" heraufbeschworen, indem man sich selbst in der Antihaltung definierte. Es ist ein Unglück, den Katechismus „gegen" jemanden gelernt zu haben, hat Henri de Lubac, Theologe und Jesuit, einmal geschrieben. Katholisch-sein heißt, durch und durch positiv bestimmt sein und die Wahrheit und Schönheit des Glaubens ohne Negativfolie erkennen zu können.

Drittens: die „ekklesiologische Nabelschau". Das ist ein unaufhörliches Kreisen um sich selbst, wie es leider auf vielen Ebenen des kirchlichen Lebens zu beobachten ist. Aufgabe der Kirche ist es jedoch nicht, wie ein „schwarzes Loch" durch endlose Strukturdebatten und Infragestellung der Glaubensgrundlagen alle Lichtstrahlen zu absorbieren, sondern wie der Mond das empfangene Licht weiterzuschenken und die Weltennacht hell und menschlicher zu machen. „Lumen gentium cum sit Christus" – Christus ist das Licht der Welt, mit diesen programmatischen Worten beginnt die Kirchenkonstitution des II. Vatikanums. Christus zu verkünden und sein Heil gegenwärtig zu machen, ist erster Daseinszweck der Kirche – und alle Reformen in Struktur und Administration haben zuerst der Verwirklichung dieser der Kirche von ihrem Stifter aufgetragenen Sendung zu dienen.

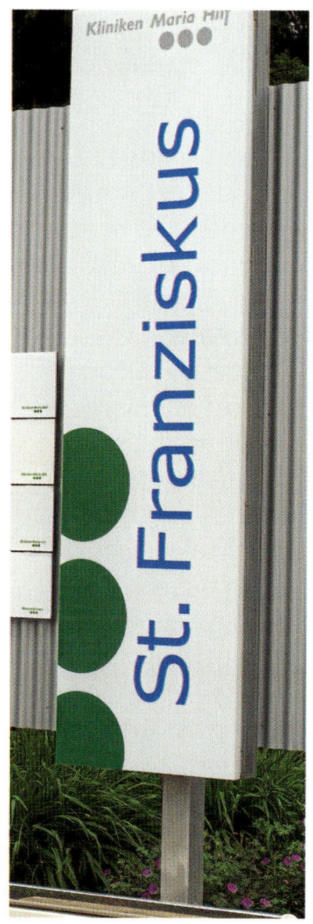

Zum Schluss ein Beispiel: Wie kein Zweiter hat der heilige Franziskus erst sich selbst und dann die Kirche seiner Zeit reformiert. Er steht auf dem Gipfel einer stürmischen Jugend – und gleichzeitig vor den Trümmern seines Lebens –, als er in der verfallenen Kirche San Damiano dieses Gebet spricht:
Höchster, glorreicher Gott (O alto e glorioso Dio …). Erleuchte die Finsternis meines Herzens und schenke mir rechten Glauben, gefestigte Hoffnung, vollendete Liebe und tief gründende Demut. Gib mir, Herr, das Empfinden und Erkennen, damit ich Deinen heiligen Auftrag erfülle, den Du mir in Wahrheit gegeben.

Sein Gebet wird erhört: Der Gekreuzigte spricht zu ihm mit dem Auftrag: „Baue meine Kirche wieder auf!" Franziskus versteht dies zunächst wörtlich, als Auftrag zur Renovierung der Kirche San Damiano. Doch dann wird er, genau dadurch, dass er nichts anderes wollte, als den Buchstaben des Evangeliums ernst zu nehmen, in der Nachfolge Christi zu *einem geistigen Erneuerer ohnegleichen.*

M11 Es ist wirklich kaum zu glauben! Mit Kindern Ostern auf der Spur (Reiner Andreas Neuschäfer, 2013)

Es ist wirklich kaum zu glauben, was es für unterschiedliche Chancen gibt, mit Kindern das Geheimnis von Ostern zu entdecken! Das fängt beim „Frühlingserwachen" an und hört beim Erzählen der Ostergeschichte noch lange nicht auf.
Es ist aber auch kaum zu glauben, wie viel von dem Zauber dieses Festes für die Kinder verloren gehen kann. Zum Bei-

spiel, wenn Ostersachen „nur noch" erworben und gekauft werden und nicht mehr selbst mit den Kindern gefärbt, gebastelt und geschmückt wird. Oder wenn der Osterhase für die Erziehung herhalten muss. Meine Tochter bekam mal im Kindergarten zu hören: „Pass auf, sonst kommt der Geselle vom Osterhasen und sorgt dafür, dass du nichts ins Nest bekommst!" So etwas ist tatsächlich Nestbeschmutzung – dafür sollten uns das Kind und das Osterfest zu schade sein!
Es ist wirklich kaum zu glauben, was für ein Reichtum in der Osterbotschaft für Kinder steckt. Inmitten fehlender Aussichten eine neue Hoffnung, in der FinSTERNis neues Licht (O-STERN!), vor uns der Tag! Und eben nicht die Nacht, der Schlussstrich, das Dunkel. Kinder brauchen diesen Blick in die Zukunft. So werden sie reif dafür, auch die dunklen Seiten ihres Alltags – die es zur Genüge gibt – auszuhalten und durchzuhalten. Und zum Beispiel im Glauben an ein Morgen Halt zu finden. So lernen Kinder von Anfang an: *Wer aufgibt, verpasst die Chance, etwas mit anderen Augen zu sehen.*
Auch die Information über den eigentlichen Sinn und Ursprung von Ostern darf nicht zu kurz kommen. Sonst kommen die Kinder selbst zu kurz: Wer in Deutschland lebt, soll Ahnung von den Vorstellungen der Ahnen haben. Bis zum heutigen Tag hat das christliche Ostern im Alltag, in den Medien, in der Kunst und Architektur und der Sprache bis hin zum Kalender seine Spuren hinterlassen.
Daher lohnt es sich aus mindestens drei Gründen, mit Kindern dem Osterfest auf der Spur zu sein:
Erstens: Weil es viele verschiedene Möglichkeiten zu feiern gibt. Kinder bekommen so ein Gespür für das Anderssein der anderen.
Zweitens: Weil das Osterfest zu schade ist, um nur für Kommerz, Kitsch und komischen Erziehungsstil herzuhalten.
Drittens: Weil die Osterbotschaft Kinder für ihr Morgen und für ihr Leben stark machen kann.

Dabei sind *Vorbereitung* und *Feier* des Osterfestes zwei Seiten einer Medaille. Bei beidem geht es darum, *mit* Kindern dem Leben auf der Spur zu sein, Veränderungen zu spüren und sich überraschen zu lassen! Das Vorbereiten zeigt, wie nützlich ein Rhythmus und eine Struktur sein können. Ostern kommt „alle Jahre wieder". Und damit es ein gemeinsames Fest mit guter Stimmung wird, bedarf es einer Abstimmung über bestimmte Vorstellungen und Wünsche. Feste fallen nicht vom Himmel, sondern werden vorbereitet. Dabei ist nicht nur das Ergebnis entscheidend, sondern schon der Weg zum Ziel, der Prozess. Deshalb ist es nicht dasselbe, ob Ostereier gefärbt gekauft oder mit den Kindern farbenfroh verschönert werden. Die Freude an der Veränderung und an dem, was man geschaffen und geschafft hat, hat ihren Wert an sich.

Zum Osterfest gehört auch eine *Ostergeschichte*. Oder besser: *die* Ostergeschichte. Wer mit seinem Kind den Schritt über die Schwelle einer *Kirche* wagt, kann so manche schöne Erzählung hören. In einer *Osternacht* können Kinder den Wechsel vom Dunkel zum Licht hautnah miterleben. Es geht unter die Haut, wie einfühlsam viele *Kinderbücher* die Ostergeschichte zur Sprache bringen. Warum nicht ein Stück Ostergeschichte einmal mit eigenen Worten erzählen? Schon gut für junge Kinder geeignet sind *Filme bzw. DVDs*, die ansprechend und anspruchsvoll das Geheimnis von Ostern vor Augen führen. Gut über das Gehörte oder Gelesene ins Gespräch kommen kann man unterwegs, z. B. bei einem *Osterspaziergang*. Ähnlich wie bei den Emmaus-Jüngern (Lukasevangelium, Kapitel 23) wird man dabei unterwegs ein anderer Mensch.
Etwas Besonderes für jedes Kind ist, wenn es tatsächlich etwas greifen, begreifen kann und nicht „nur" zuhören muss: beispielsweise mithilfe einer *„Osterkrippe"* oder eines *„Ostergartens"*. Kinder können sich dadurch den Verlauf der Ostergeschichte besser vorstellen, sich selbst mit ihren Vorstellungen in das Geschehen einbringen und Figuren entsprechend hinstellen. Das geht glänzend mit einer Original-Osterkrippe oder ganz schlicht mit etwas Sand und Naturmaterialien. Wichtig ist, den Kindern nicht nur alles vorzumachen, sondern sie mitmachen zu lassen. So bekommen sie am ehesten ein Gespür für die Hauptperson der Ostergeschichte, Jesus Christus, und für deren Ohnmacht und machtvolle Auferstehung. Sie spüren aber auch der Macht der Mächtigen und der Machtlosigkeit vieler Menschen nach. Damit sind sie der Realität des Lebens auf der Spur: So geht es unter uns Menschen immer wieder zu. Besondere Inszenierungen von Ostergärten als Sinnesgärten finden sich im Internet. Oder man stellt mit Beginn der Passionszeit (Aschermittwoch) nach und nach einige Teile einer *Osterlandschaft* auf, die dann am Palmsonntag vor Ostern mit dem Einzug Jesu in Jerusalem ihren ersten Höhepunkt erlebt, mit der Kreuzigung den Tiefpunkt und dann zu Ostern die absolute Krönung. Meine Erfahrung ist: Kinder betrachten solche Gegenstände und Figuren gerne einfach mal so und lassen sie auf sich wirken.
Schön ist, wenn am Ende eine selbst gestaltete *Osterkerze* die ganze Osterlandschaft erleuchtet und zeigt, in welchem Licht die grausame Geschichte vom Kreuz und Leiden am besten zu betrachten ist.
Und wenn einem beim Basteln, Betrachten, Spazieren, Suchen, Essen und Erzählen die Kinder „Löcher in den Bauch" fragen, braucht Eltern davor nicht bange sein. Fragen sind manchmal wichtiger als richtige Antworten. Und wo man nicht weiter weiß, geht das Leben trotzdem weiter. *Und: das mit Ostern ist ja auch wirklich kaum zu glauben, oder?*

M12 Zwischen Alpha und Omega (Siegfried Fietz, 2012)

*Jan Vering (*1954, Zeitungsredakteur und Dramaturg) interpretiert die Skulptur folgendermaßen:*

Alpha und Omega, gemeinsames Sinnbild für Vollendung. Seit der biblischen Johannes-Offenbarung das Symbol für Christus.

Einen Lebensweg hat der Künstler gebaut, begrenzt von Alpha und Omega. Durch Höhen und Tiefen geht es, Verwerfungen wechseln ab mit klaren Strecken. Am Ende das Omega, das wie ein Fuß aussieht. Dieser Fuß – mit goldener Sohle – scheint bereit zu sein für den nächsten Schritt, über die Grenze hinaus, hinein in Neues.

„Hier ist Tripple-A", sagt [der Künstler] Fietz und weist lachend auf die Spitze der höchsten Höhe hin. „Tripple-A", die höchste Einstufung internationaler Rating-Agenturen – aber gleich danach geht's tief bergab. Und wieder einmal Richtungsänderung. Gibt es überhaupt ein klares Ziel auf diesem Holz-Weg? Auffallend, wie oft keine Erdung da ist, wie das Material frei im Raum hängt, scheinbar von nichts mehr gehalten, Absturz-bedroht.

In einer Zeit, wo Baumstämme zu Spanplatten totgeschreddert werden, ist es fast anachronistisch, derart intensiv der Maserung, dem Astverlauf nachzuspüren. Aber nur so werden die Zeichen und Geheimnisse sichtbar, die uns umgeben.

M13 Ein Kreuz kreuzt meinen Weg

Anregungen zur Weiterarbeit

1. Nehmen Sie Stellung zur Skulptur-Interpretation von Jan Vering unter M 12: Wo stimmen Sie zu, wo sieht Ihre Stimmung anders aus, welche alternativen Interpretationen fallen Ihnen ein?
2. Benennen Sie Beispiele für mögliche „Höhen und Tiefen" dieses Lebenslaufes in einer eigenen Zeichnung eines Lebenslaufes.
3. Entwerfen Sie den Lebenslauf eines anderen Menschen zu der Skulptur M 12. Wie sähe dieser mit mehreren Menschen aus, wie mit der Familie?
4. Setzen Sie die Skulptur M 12 in Beziehung zu dem Foto M 13. Gestalten Sie eventuell eine eigene Skulptur aus Naturmaterialien.

M14 Denkmäler der Endlichkeit im Alltag (2012)

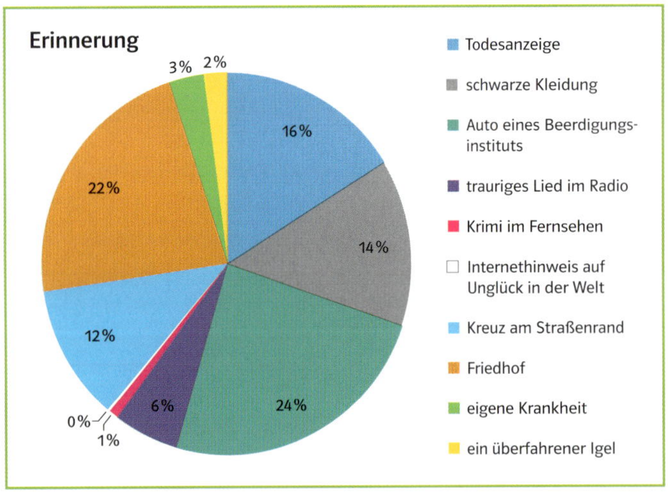

Umfrage unter 17-Jährigen zur Frage „Was erinnert Sie am ehesten im Alltag an den Tod?" (bis zu drei Nennungen waren möglich)

M15 Una tua – Una horam ultima tua

Eine dieser Stunden ist deine letzte.

M16 Eine Grenze?

M17 Kondolenzbekundung

M18 Wird die Leiter reichen? (Objektinstallation, 2013)

M19 Bibelwort an einer Kirche im Siegerland

M20 Kindergrabmal

M21 C + M + B

Anregungen zur Weiterarbeit

1. Wählen Sie zwei Gestaltungen von M 14 bis M 21 aus und erarbeiten Sie eine ausführliche Beschreibung mit narrativer Nuance.
2. Beurteilen Sie mit Ihrem Tischnachbarn/Ihrer Tischnachbarin, in welcher Gestaltung die Endlichkeit insbesondere zum Ausdruck kommt.

2 Gerechtigkeit und Gerichtet-Sein

2.1 Hoffnung oder Horror?

M1 Bei der Hoffnung Platz nehmen

Manches lässt die Hoffnung platzen. Eine Nacht, eine Nachricht reichen aus – und schon sieht die Welt ganz anders aus. Gerade die Mauern eines Krankenhauses haben schon viele Enttäuschungen gehört und unerhörte Hoffnungen gesehen. Eine Künstlerin ließ sich davon inspirieren und gestaltete im Wartebereich einer Klinik eine Hoffnungswand.

M2 Worte der Hoffnung

Ein Krankenhaus hat beschlossen, seine Patienten, Besucher und sein Personal mit an Wände gemalten Worten bedeutender Personen zu begrüßen. Auch Bibelworte sind dabei. Da es sich um ein katholisches Krankenhaus handelt, gibt es auch Stimmen, die gerne nur Worte wirklich frommer Menschen an den Wänden hätten …

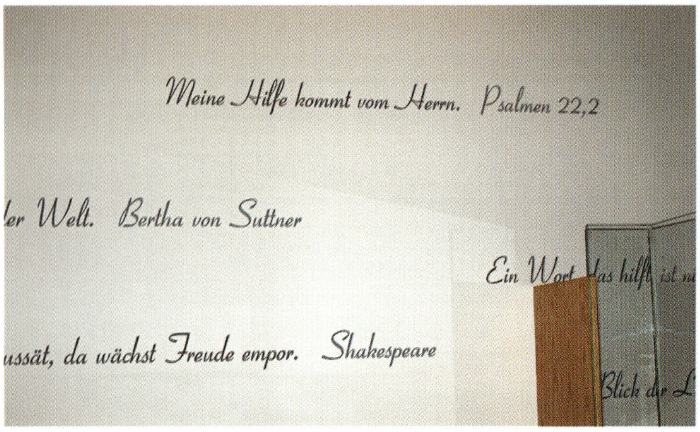

M3 Durchlöcherte Hoffnung

Manches lässt die Hoffnung durchlöchern. Und doch gibt es auch dahinter noch einen Lichtblick …

M4 Hoffnungsräume

Anregungen zur Weiterarbeit

1. Ermitteln Sie zu M 2 im Placematverfahren (Methodenseite, S. 75), welche Worte an die Wand gemalt werden soll(t)en.
2. Arbeiten Sie eine kurze Einschätzung zur Gestaltung des Krankenhauses M 1 bis M 4 in Form eines Briefes an die Krankenhausleitung heraus.
3. Benennen Sie Motive der Hoffnung oder „hoffnungsvolle" Gestaltungen oder Orte in Ihrer Schule.

M 5 Angst und Hoffnung (Reinhard Slenczka, 2008)

Angst und Hoffnung sind menschliche Gefühle und Lebenszustände, die einen Einzelnen ebenso wie eine Gemeinschaft überfallen und beherrschen können. Gerade im Bereich der Endzeiterwartung zeigt sich, wie Menschen und Zeiten von solchen Bewegungen ergriffen werden, sei es in begeisterndem Optimismus, sei es in bedrückendem Pessimismus. Für die Verantwortung in der christlichen Verkündigung und Unterweisung bilden solche Gefühle und Erfahrungen keine Erkenntnisgrundlage, wohl aber müssen sie Gegenstand der Prüfung und Beurteilung sein. Denn es geht dabei immer um die Entscheidung, was Grund der Hoffnung und was Anlass der Furcht ist. […]

Ein anschauliches Beispiel für den vom Wort Gottes getragenen Glauben ist die Erzählung vom sinkenden Petrus (Mt 14,22–33). Er folgt dem befehlenden Wort des Herrn: *„Komm! Und er stieg aus dem Boot und ging auf dem Wasser und kam auf Jesus zu. Als er aber den starken Wind sah, erschrak er und begann zu sinken und schrie: Herr, hilf mir!“* Die Macht der Naturgewalt scheint stärker als das Wort des Herrn. *„Jesus aber streckte sogleich die Hand aus und ergriff ihn und sprach zu ihm: Du Kleingläubiger, warum hast du gezweifelt?“* Die Erzählung zeigt, wie es bei Angst und Hoffnung um den Glauben geht in der Spannung zwischen dem, was das Wort des Herrn sagt und was unsere Augen im Sturm von Wind und Wogen sehen. Der Gegensatz zum Glauben ist jedoch in der Heiligen Schrift weder das Wissen noch die Wissenschaft, sondern die Furcht, der Kleinglauben oder der andere und falsche Glaube. Freilich ist das keine Sache menschlicher Auswahl, sondern göttlicher Erwählung, und das Wort Gottes beschreibt auch mit diesem Beispiel, was hier geschieht. Dass die Zukunft einem Meer ohne feste Wege gleicht und dass Stürme auftreten, ist ein naheliegender Vergleich, und damit zeigt sich auch, was nicht nur das rufend befehlende Wort des Herrn bewirkt, sondern wie er selbst uns über Glauben und Verstehen trägt und hält, wenn wir ihn wie Petrus mit dem Stoßgebet „Herr, hilf mir!“ anrufen. Wer aber auf Natürliches seine Hoffnung setzt, gerät unausweichlich unter die Herrschaft des Todes; es ist die Todesfurcht, die Petrus überfällt und aus der er durch den Herrn gerettet wird.

Anregungen zur Weiterarbeit

1. Überprüfen Sie mit Ihrem Tischnachbarn/Ihrer Tischnachbarin die Interpretation zur Erzählung vom sinkenden Petrus M 5.
2. Informieren Sie sich über Notfallseelsorge. Nehmen Sie dazu Stellung, ob Sie sich einen solchen Aufkleber M 6 ans Motorrad oder an die Autowindschutzscheibe kleben würden.
3. Die Dorfgemeinschaft diskutiert eine Restaurierung des Kreuzes am Straßenrand M 7. Einige Stimmen sind grundsätzlich gegen ein solches Kreuz. Formulieren Sie Argumente, die die Gegner vom Erhalt des Kreuzes überzeugen.

M 6 Notfallseelsorge-Aufkleber

M 7 Gelobt sei Jesus Christus

M 8 Gute(r) Hoffnung

Was hat sie als Mutter alles ausgestanden?!

Von Anfang an
War das Leben da
Wollte da sein

Und doch verborgen sein
Neun Monate
Ungewissheit
Ungefähres
Gefährliches
Seelenknick
Fragen
Übelkeiten
Überraschungen
Ängste
Kummer
Sorgen
Unruhe
Ungeduld
Bangen
Viele Stunden Wehen
Und dann im Arm

Was zählt jetzt?

M 9 Maria hilf!

M 10 Gute Hoffnung auf Abitur

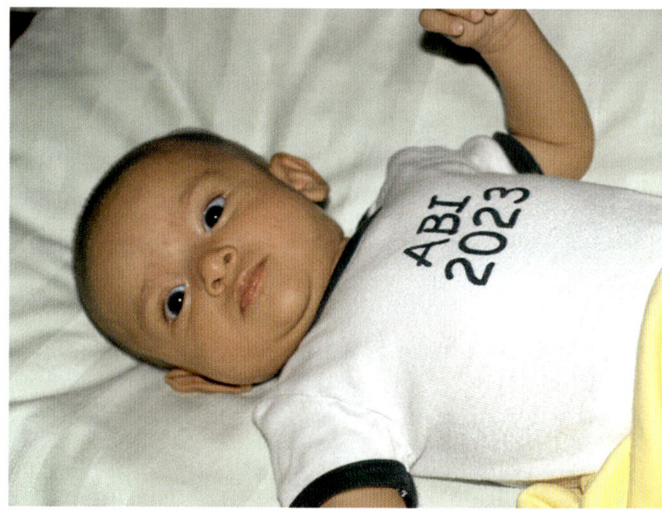

M 11 Gestorben und geboren

Anregungen zur Weiterarbeit

1. Erörtern Sie entlang von M 8 bis M 11 die Spannung der Hoffnung zwischen Erwartung und Enttäuschung bzw. zwischen Wünschen und Bangen.
2. Setzen Sie Ihre Ergebnisse in Beziehung zu der Lektüre von M 12 und M 13.

M12 Die Johannes-Offenbarung und die „Endzeit-Spezialisten“ (Eckhard J. Schnabel, 2013)

1. Wenn Christen von der „Endzeit“ sprechen, ist der „Haupttext“ Gottes Offenbarung im Neuen Testament, d.h. die Texte, in denen Jesus, Petrus, Paulus und Johannes über die Endzeit reden. Das bedeutet, dass alttestamentliche Prophezeiungen in den Rahmen neutestamentlicher Aussagen zu integrieren sind, nicht umgekehrt. Die alttestamentlichen Texte sind auch nach dem Kommen Jesu Christi göttliche Offenbarung, es ist jedoch das Neue Testament, das Christen lehrt, wie das Alte Testament zu lesen ist. Unerfüllte Verheißungen im Alten Testament dürfen nicht automatisch als Prophezeiungen interpretiert werden, die mit der in der Zukunft liegenden Endzeit zu verknüpfen sind. Wenn Ausleger so verfahren, stehen sie in der Gefahr, den Propheten mit seinen Aussagen von seinen Zeitgenossen abzutrennen und damit das Wesen der Prophetie zu verkennen. Wer alttestamentliche Prophezeiungen aus ihrem historischen Kontext herauslöst, riskiert sensationalistische Interpretationen in einem neuen, modernen Kontext, in den die Verheißung hinein transplantiert wurde. Wenn alttestamentliche Prophezeiungen unerfüllt bleiben, zeigt dies, dass Gottes Ankündigungen von zukünftigem Handeln häufig mit Bedingungen verknüpft sind: sie sind oft abhängig von einer Veränderung des Verhaltens der in der Prophezeiung angesprochenen Gruppe. Entsprechende Bedingungen werden manchmal explizit genannt, so zum Beispiel in Jes 1,19–20: „Wenn ihr bereit seid zu hören, sollt ihr den Ertrag des Landes genießen. Wenn ihr aber trotzig seid und euch weigert, werdet ihr vom Schwert gefressen. Ja, der Mund des Herrn hat gesprochen“ (EÜ [Einheitsübersetzung]). Häufig sind die Bedingungen, unter denen sich eine Prophezeiung erfüllt, implizit und unausgesprochen. Es ist nicht zu übersehen, dass die Propheten nie Jahwes Macht in Frage gestellt haben, das von ihm Verheißene herbeizuführen: „So lassen sie häufig die Möglichkeit eines anderen Ergebnisses offen, vor allem wenn die Bedingungen sich ändern, die ursprünglich die Prophezeiung verursacht haben“.[1]

2. Jesus hat wiederholt betont, dass niemand das Datum oder die Zeit seiner Wiederkunft kennt. In der Endzeitrede stellt er fest, dass weder die Jünger noch die Engel im Himmel noch er selbst den Tag oder die Stunde kennen, die Gott für die Wiederkunft Jesu und für das Vergehen dieser Welt festgesetzt hat (Mt 24,36). Jesus betont im zweiten Teil der Endzeitrede wiederholt, dass er plötzlich, ganz unerwartet, wie ein Dieb in der Nacht kommt (Mt 24,37–25,30). Das Bild vom Dieb in der Nacht (Mt 24,43; vgl. Lk 12,39) wird von Paulus (1 Thess 5,2.4), Petrus (2 Petr 3,10) und Johannes (Offb 3,3; 16,15) aufgegriffen. Nach der Auferstehung sagt Jesus den Jüngern: „Euch steht es nicht zu, Zeiten und Fristen zu erfahren, die der Vater in seiner Macht festgesetzt hat“ (Apg 1,7). Diese Aussagen sind nicht mehrdeutig, sondern klar, deutlich und ernst zu nehmen. Jede Auskunft über Endzeitfragen, die die Nähe der Wiederkunft Jesu (oder der Entrückung oder des Erscheinens des Antichristen) zeitlich eingrenzen und damit bestimmbar machen will, ignoriert die Erklärung Jesu und stellt sich in Widerspruch zu einer Grundaussage des Neuen Testaments.

3. Die ersten Christen waren überzeugt, dass die Endzeit mit dem Kommen Jesu als Messias Israels und Erlöser der Welt begann (vgl. Kap. 1). Diese Überzeugung ist bei der Inblicknahme alt- und neutestamentlicher Texte, die mit Endzeitereignissen zusammenhängen, zugrundezulegen.

4. Die ersten Christen waren überzeugt, dass sie persönlich die Wiederkunft Jesu erleben *könnten* […]. Das bedeutet, dass die Apostel die Prophezeiungen des Alten Testaments und die Prophezeiungen Jesu, die die Endzeit betreffen, als entweder bereits erfüllt oder als sehr bald in Erfüllung gehend interpretierten. Diese Überzeugung der Apostel bleibt relevant, wenn entsprechende alttestamentliche Texte, die Prophezeiungen Jesu und die Auslegung der Apostel erörtert werden.

5. Die Interpretation biblischer Texte über die Endzeit basiert auf denselben Prinzipien, die auch bei der Interpretation anderer biblischer Texte Anwendung finden. Somit ist zumindest die Gattung (Textart) des Makrotexts (z.B. der Johannesoffenbarung) und des zu interpretierenden Textabschnitts (z.B. die Gleichnisse in Mt 24,43–25,30) herauszuarbeiten sowie die Bedeutung der Sätze, Wendungen und Wörter des Textes, mit dem Ziel, zu analysieren, zu verstehen, wie der Autor und seine (ursprünglichen) Leser den Text in seinem historischen, kulturellen und linguistischen Kontext verstanden haben.
Manche Ausleger prophetischer Texte arbeiten mit dem Prinzip einer möglichst langen buchstäblichen Interpretation der Sprache der Propheten; nur dann, wenn eine buchstäbliche Auslegung an ihre Grenzen komme, sei symbolisch zu interpretieren. Diese Forderung ist problematisch, weil sie die prophetischen Texte anders interpretiert als andere Texte und weil die Entscheidung, wann buchstäblich und wann symbolisch zu interpretieren ist, dem subjektiven Empfinden des Auslegers überlassen bleibt. Wer prophetische Texte mit denselben Auslegungsregeln interpretiert wie andere Texte, lässt den Autor des Textes und seinen kulturellen und linguistischen Kontext darüber bestimmen, ob eine Aussage bzw. ein Ausdruck buchstäblich oder symbolisch zu interpretieren ist. Beispielsweise würde kaum ein „Literalist“ in dem Satz „Alle, die durchhalten und den Sieg erringen, werde ich zu einer Säule im Tempel meines Gottes machen, und sie werden immer darin bleiben“ (GN [Gute Nachricht]) die Wendung „Säule im Tempel meines Gottes“ buchstäblich interpretieren wollen, obwohl dies wenig Sinn ergäbe: wenn Gott Lots Frau zu einer Salzsäule erstarren ließ (Gen 19,26), dann könnte er durchaus die treuen Gläubigen der Gemeinde Philadelphias (die in Offb 3,7–13 angesprochen sind) zu buchstäblichen Marmorsäulen in einem buchstäblichen Tempel machen. Dies klingt auf der einen Seite kurios; auf der anderen Seite ist in den Blick zu nehmen, dass es „Endzeitspezialisten“ gibt, die einer möglichst konsequent „buchstäblichen“ Auslegung prophetischer Texte verpflichtet sind. Sie meinen etwa, dass die beiden Zeugen in Offb 11 zwei konkrete Evangelisten sind, die in der zweiten Hälfte der letzten sieben Jahre der Menschheitsgeschichte auftreten und buchstäblich diejenigen, die sich widersetzen, mit aus ihrem Mund herausschießendem Feuer (Offb 11,5) vernichten werden.

Das klassische Auslegungsprinzip, am besten von Stellen auszugehen, deren Sinn klar ist, und mit deren Hilfe zu versuchen, Licht auf in ihrem Sinn unklare Stellen zu werfen, ist immer noch gültig. Während zahlreiche Einzelheiten in der biblischen Prophetie umstritten sind, weil die Bedeutung bestimmter Ausdrücke oder bestimmter Aussagen nicht unmittelbar klar verständlich ist, ist nicht zu übersehen, dass ein nicht unbeträchtlicher Teil prophetischer Aussagen gerade nicht umstritten ist. Vom Gesamtbild neutestamentlicher Prophetie her hat man sich auf die Einzelheiten zuzubewegen: von den klaren Stellen auf die weniger klaren Stellen hin. Bei Missachtung dieses Prinzips kann es allzu leicht geschehen, dass man nicht auf die Wiederkunft Jesu wartet, sondern auf das Erscheinen des Antichristen, auf Naturkatastrophen oder den Bau eines dritten Tempels in Jerusalem – Einzelheiten biblischer Prophezeiungen über die Endzeit, deren Interpretation und deren zeitliche Ansetzung umstritten sind. Nicht wenige „Endzeitspezialisten“ lassen genau dieses Prinzip außer Acht.
Bei der Interpretation von Texten der Johannesoffenbarung, die mehr als jeder andere biblische Text von der Endzeit handelt, ist die Gattung des Buches insbesondere im Blick zu behalten. Denn die Gattung eines Textes signalisiert, wie der Text gelesen werden soll. Ein Telefonbuch wird anders gelesen als ein Roman, und eine Enzyklopädie anders wahrgenommen als das Rezept eines Arztes. Die Aussage in Spr 21,21 („Wer nach Gerechtigkeit und Güte strebt, der findet auch Leben, Gerechtigkeit und Ehre“) ist keine Prophetie, sondern ein generalisierendes Sprichwort, das in der Wirklichkeit oft wahr ist, aber eben nicht immer zutrifft. Christen, die als Märtyrer gestorben sind, strebten nach Gerechtigkeit, erhielten aber weder Leben noch Ehre, im Gegenteil: manchen wurde der Besitz konfisziert, viele wurden öffentlich diffamiert, und allzu viele wurden hingerichtet. Ein Sprichwort muss als Sprichwort interpretiert werden, ein Gesetzestext als Gesetzestext, ein Hymnus als poetischer Text, ein historischer Text als historischer Text. Was die Johannesoffenbarung betrifft, so ist es wichtig zu erkennen, dass es sich bei ihr um eine Mischgattung handelt.

Die Johannesoffenbarung ist eine Apokalypse (Offb 1,1), d.h. ein Text über die Endzeit und das Weltende, der viele traditionelle Bilder und Symbole verwendet, die in alttestamentlichen und jüdisch-apokalyptischen Texten vorkommen. Die Johannesoffenbarung ist zugleich eine Prophetie (Offb 1,3), d.h. ein Text, in der ein Prophet seinen Zeitgenossen eine neue Offenbarung Gottes übermittelt. Häufig geschieht dies in Form von Berichten, Visionen und Auditionen, mit dem Ziel, seine Zuhörer bzw. Leser zu ermahnen bzw. zu ermutigen. Die Propheten wenden sich nicht an in ferner Zukunft lebende Leser, sondern an ihre Zeitgenossen. Wenn sie von in der ferneren Zukunft eintretenden Ereignissen sprechen, dann wenden sie sich trotzdem noch immer an ihre Zeitgenossen. Prophetie ist nicht einfach offenbarte Information über zukünftige Ereignisse, sondern immer auch Ermahnung bzw. Ermutigung. Die alttestamentlichen Propheten verwenden eine Kombination von Voraussage, Warnung, Ermahnung, Aufruf, Zuspruch, Trost und Ermutigung mit dem Ziel, die Israeliten bzw. Juden zu einer Änderung ihrer Einstellung und ihres Verhaltens zu bewegen. Wenn die Propheten von zukünftigen Ereignissen sprechen und schreiben – von dem Ende der Welt, dem kommenden Tag des Gerichts, der Wiederkunft Jesu – dann sprechen und schreiben sie für Hörer und Leser, deren sprachliche Möglichkeiten sie kennen. Diese Tatsache steht hinter der Aussage von Offb 22,10, in der ein Engel den Seher Johannes anweist: „Versiegle dieses Buch mit seinen prophetischen Worten nicht! Denn die Zeit ist nahe“ (EÜ). Diese Instruktion steht in direktem Kontrast zur Anweisung, die Daniel erhielt: „Die Vision von den Abenden und den Morgen, die dir offenbart wurde, ist wahr; doch du sollst sie geheim halten; denn sie bezieht sich auf eine ferne Zeit“ (Dan 8:26; EÜ). Das heißt, die Visionen und Auditionen, die Johannes für die Gemeinden in Kleinasien aufzeichnet, betreffen deren Gegenwart („die Zeit ist nahe“) und sind in einer Sprache geschrieben, die für die Christen in den kleinasiatischen Gemeinden zu verstehen war („versiegle dieses Buch mit seinen prophetischen Worten nicht“). Die Tatsache, dass die Johannesoffenbarung nicht nur eine Apokalypse und eine Prophetie ist, sondern auch ein Brief, bestätigt die Tatsache, dass Johannes für die Christen in den kleinasiatischen Gemeinden im ersten Jahrhundert schrieb. Die Johannesoffenbarung beginnt mit einem typischen Briefpräskript mit Nennung von Autor, Adressat und Gruß (Offb 1,4–5) und endet mit einem typischen Schlusssegen (Offb 22,21). Johannes schreibt an ganz bestimmte Leser, die er kennt und von denen er erwartet, dass sie verstehen und beachten, was er schreibt (Offb 1,3).
Bei der Interpretation der Johannesoffenbarung ist weiter zu beachten, dass Johannes eine Serie von Visionen und Auditionen aufgeschrieben hat: er bietet keine „systematische“ Abhandlung über die Endzeit. Die vorliegende Sequenz von Visionen ist nicht notwendigerweise auch eine chronologische Sequenz von Ereignissen, welche unabhängig von übergeordneten Gesichtspunkten zu rekonstruieren wäre. Man kann keinesfalls ausschließen, dass verschiedene Visionen sogar dasselbe Ereignis beschreiben. Manche Autoren ließen diese Tatsache unberücksichtigt und nahmen an, dass die Sequenz der Visionen zugleich eine Sequenz chronologischer Ereignisse vorhersage. Ein weiterer Fehler besonders der populären „Endzeitspezialisten“ ist die Praxis, eine Sequenz chronologischer Ereignisse mit Hilfe isolierter biblischer Texte zu konstruieren, ohne dass ein konkreter Text eine solche Sequenz beschreibe. Während solche Rekonstruktionen zwar nicht a priori unmöglich sind, sollten diese aber nicht zur Norm erhoben und zur allein möglichen Interpretation erklärt werden.

M13 Regeln für eine angemessene Hermeneutik eschatologischer Aussagen (Johanna Rahner, 2010)

Große Teile dessen, was zum Standardrepertoire der üblichen Himmel- und Hölle-Vorstellungen samt ihrer Gerichts- und Strafmotive gehört, entstammt der Verlängerung menschlicher Grundbedürfnisse, hat – so die Grunderkenntnis Ludwig Feuerbachs – also Projektionscharakter. Dennoch haben solche Projektionen auch wirklichkeitsprägenden und -haltigen Charakter. Menschen denken sich Bilder für das Jenseits nicht ohne Grund aus. Mit dem Versuch einer vollständigen Verabschiedung der Bilder würden wir uns auch der Konkretheit unseres Glaubens berauben, den ja gerade die Dynamik einer weltlichen Erfahrbarkeit und darum auch welthaft-menschlichen Ansprechbarkeit auszeichnet. Die Theologie hat dabei aber immer zuzugestehen, dass solche Bilder „nicht nur Gottes Wirklichkeit widerspiegeln, sondern ebenso sehr, wenn nicht noch mehr die Wirklichkeit des Menschen, die konkrete gesellschaftlich-politische Situation, seelische oder gesellschaftliche Konflikte, handfeste Interessen und erschütternde Umbrüche, Aufbrüche und die Verarbeitung von Enttäuschungen."[2] Welches sind nun aber die Interessen, die solche Bilder, mögen sie nun einen biblischen Hintergrund haben oder nicht, in die Welt setzen und wirksam werden lassen?

Es gibt Zeiten in unserer Glaubensgeschichte, in der drastische, negative Bilder des Jenseits geradezu überlebensnotwendig waren, um in dieser Welt zurechtzukommen: das Zeitalter der Apokalyptik, das späte Mittelalter. Solche Krisenzeiten des Glaubens bringen Bilder hervor, die abschreckend und – erstaunlich – tröstend zugleich sein sollen. Die Verfolgungszeiten der Gerechten hier und jetzt werden mit Bildern des Jenseits kompensiert. Diese Bilder schaffen Gerechtigkeit, die Guten werden belohnt und die Bösen werden bestraft. Die Unsicherheiten hier und jetzt werden mit den jenseitigen Gewissheiten kompensiert. Dahinter steckt nicht notwendigerweise eine Lust an der Qual der anderen, sondern viel eher ein permanent herausgefordertes Ringen um ein konsistentes und vor allem zutreffendes Gottesbild. So manch biblischer Autor, aber auch die Theologen der späteren Zeit bis heute, haben ihre liebe Not, beide Seiten, nämlich Gerechtigkeit und Barmherzigkeit Gottes, wirklich zusammen zu denken. Insbesondere fällt es dort schwer, wo die Not der Zeit, die erlebt wird, zu dualistischem Denken zwingt. In der Theologiegeschichte gibt es immer wieder Zeiten, in denen das Pendel zur einen oder zur anderen Seite ausschlägt. Systematisch interessant ist dabei die Frage, wie und wann sich im Laufe der Kirchengeschichte die eine oder andere Seite in unsere Tradition durchsetzt. [...]

Aus allen bisher genannten Vorüberlegungen ergeben sich einige Grundregeln zur Auslegung (Hermeneutik) eschatologischer Aussagen:

- Eschatologische Bilder sind sinnvoll, weil sie Ausdruck der menschlichen Gottesbeziehung sind. Glaube braucht Bilder, um sich auszudrücken. Das gilt auch für die Zukunftshoffnung.
- Jegliches Bild muss aber als Bild erkannt und durchschaut werden. Dabei ist es notwendig, gerade auf eine allzu menschliche Missbrauchsgeschichte solcher Bilder zu achten und jedes Bild zu überprüfen. Das gilt besonders für eschatologische Bilder.
- Eschatologische Bilder, wie zum Beispiel Himmel und Hölle, sind also Abbild menschlicher Gottesbeziehung hier und jetzt. Das heißt sie stellen dar, wie sich der Mensch im Angesicht der Wahrheit Gottes versteht: Als von Gott geliebter, behüteter oder als von Gott getrennter Mensch. Eschatologische Bilder von Himmel und Hölle sind also keine Zukunftsvisionen, sondern ein inneres Moment des menschlichen Selbstverständnisses hier und jetzt.
- Daher gilt: Positive wie negative Bilder sind Provokationen, die zur Klärung der eigenen Gottesbeziehung herausfordern. Die Bilder der Eschatologie sind letztlich bildhafter Ausdruck für die menschliche Gottesbeziehung, für die heilvolle und für die durch Sünde und Schuld zerstörte. Sie bilden sozusagen die menschliche Gottesbeziehung ab. Sie sind Bilder für das menschliche Selbstverständnis im Angesicht der Wahrheit Gottes.
- Eschatologische Bilder nehmen den Modus von objektivierten Inszenierungen dessen an, wie ein Mensch sich selbst gegenüber Gott, seiner Wahrheit, Liebe, Gerechtigkeit, Barmherzigkeit etc. versteht.
- Eschatologische Aussagen haben eine bestimmte Sprachform. Sie sind mit der Form des Versprechens vergleichbar und haben daher performativen Charakter.
- Sie sind keine Aussagen an und für sich, sondern haben immer auch Handlungscharakter, d.h. sie beziehen sich auf Positionen und Haltungen.

Eine Theologie der letzten Dinge, d.h. Eschatologie hat ihre Bildersprache ernst zu nehmen, indem sie:

a. die zukünftigen Ereignisse nicht als Projektionen oder als Aussagen von der Gegenwart des Gottesverhältnisses auf Zukunft hin versteht und
b. die objektivierten Bilder auf deren menschliches Selbst und das Gottesverhältnis hin interpretiert;
c. den Versprechenscharakter als theologischen Deutungsschlüssel wahrnimmt.

Diese Beschreibung der Aufgabe der Eschatologie beruht letztlich auf der theologischen Einsicht, dass die Eschatologie keine Zusatzinformation zu sonstigen theologischen oder anthropologischen Aussagen christlicher Dogmatik ist, sondern die Übersetzung dessen, was theologisch, anthropologisch und christologisch ‚Sache' ist, in den Modus der Vollendung hinein. Was jetzt gilt, wird unter der Perspektive der Vollendung, des Gesamtziels, des Sinns des Ganzen beschrieben.

Im Laufe der Tradition wurde die Eschatologie in zwei große Hauptteile aufgeteilt:

1. Das Ende des Individuums mit Themen wie: Tod, Unsterblichkeit der Seele, selige Anschauung Gottes, Gericht, Zwischenzustand, Fegefeuer.
2. Das Ende der ganzen Welt, der Geschichte mit den Themen: der Jüngste Tag, die Wiederkunft Christi, Weltuntergang und all die damit verbundenen kosmologischen Motive.

Die traditionelle Denkrichtung der Eschatologie richtete sich strikt auf das Danach und hatte mit der Geschichte hier und jetzt nichts zu tun. Diese innere Beziehungslosigkeit steht aber nun spannungsvoll zu der Vorstellung einer Relevanz unseres irdischen Lebens hier und jetzt für das Jenseits. Ebenso steht sie in Spannung zur Idee der Vollendung, des Sinns des Ganzen, die die Eschatologie ja bestimmen soll. Angesichts der veränderten Beschreibung der Aufgaben der Eschatologie können wir es also nicht dabei belassen, die Glaubenserfahrung hier und jetzt und das in Zukunft Erhoffte strikt zu trennen. Beide sind letztlich zwei Seiten ein und derselben Sache. Dies gilt es angesichts des traditionellen Jenseitsblicks der Eschatologie wieder ins Bewusstsein zu rücken. Dies gilt für die individuelle wie die kosmologische Perspektive. Dabei geht es um die Frage der prinzipiellen Relevanz von Geschichte, von Welt, von Beziehung, von Ich-Perspektive etc. für die eschatologischen Themen. Die Perspektive des Hier und Jetzt wird daher auch in den eschatologischen Einzelthemen in den Vordergrund gerückt werden müssen.

Anmerkungen

1 Block, *Ezekiel*, Bd. 2, S. 148.
2 Johannes Werbick: Auf der Spur der Bilder, in: BiKi 54/1999, S. 2–9, hier S. 5.

Anregungen zur Weiterarbeit

1. Stellen Sie die Beiträge M 12 und M 13 jeweils grafisch dar (z. B. als Mindmap oder als Konspekt, S. 76, Methodenseite).
2. Erörtern Sie die Aussageabsicht beider Texte M 12 und M 13, indem Sie deren Unterschiede herausarbeiten. Formulieren Sie Vermutungen zu möglichen Adressaten, an oder gegen die sich der Autor und die Autorin wenden.
3. Nehmen Sie mit Ihrem Tischnachbarn/Ihrer Tischnachbarin Stellung, zu welchem der beiden Texte M 14 besser passt.

M 14 Am Abend und am Morgen (Schülerarbeit, 2010)

M 15 Was ist Zeit?

M 16 Eschatologie und Taufe (Reinhard Slenczka, 2008)

Wenn wir weiter Umschau halten nach den eschatologischen Bezügen, wie sie uns als Christen vom Gottesdienst her umgeben und hier begegnen, dann treffen wir […] wieder auf die Taufe, in der grundlegend für jeden Christen die Teilhabe an Christus und die Gabe des ewigen Lebens gegeben wird. Was der Herr bei der Einsetzung der Taufe sagt, macht dies deutlich: „Wer da glaubt und getauft wird, der wird selig werden; wer aber nicht glaubt, der wird verdammt werden." (Mk 16,16) Die Abkehr gegenüber diesem Text […] zeigt jedoch nur, dass hier ein doppeltes Missverständnis vorliegt, nämlich zum einen wird überhört, wie es hier nicht bloß um das Gericht, sondern um die Rettung aus dem Gericht geht; zum anderen wird übersehen, dass mit der Taufe bereits der Eingang in das neue und ewige Leben vollzogen wird auf dem Weg, der durch den Tod zur Auferstehung führt. Denn die Taufe bewirkt, dass wir real durch den Tod in das ewige Leben eingehen werden, genauso wie wir mit Christus verbunden sind (vgl. Röm 6). Auf das Ende bezogen und davon bestimmt ist daher auch die Einsetzung der Taufe nach Mt 28,18–20. Dieser Tauf- und Missionsbefehl ist umgeben von der Zusage der raum-zeitlichen Herrschaft und Gegenwart Christi.

Anregungen zur Weiterarbeit

1. Erörtern Sie, worin Slenczka M 16 den Zusammenhang von Zeit, Taufe und Gottesdienst sieht.
2. Setzen Sie M 15 und M 16 zueinander in Beziehung.
3. Nennen Sie weitere eschatologische Bezüge eines Gottesdienstes/einer Messe.

M17 Das Ende und die Enge der Welt (Reiner Andreas Neuschäfer, 2013)

Weltuntergang 2012 – Ich war dabei

Trotz vieler offener Fragen rund um den Maya-Kalender war es für etliche Menschen keine Frage, ob Ende 2012 der Untergang der Welt käme. Dabei käme es auf richtiges Berechnen und Bedenken an. Und natürlich darauf, sich darauf einzustellen, dass man das nächste Jahr nicht mehr mitbekäme.

Während einige dies alles nicht so eng sahen, bekamen andere es mit der Angst zu tun, die ja etymologisch bekanntlich von „Enge" kommt. Und so kam es nicht von ungefähr, dass das „Geschäft mit der Angst" in Gang kam. Doch dies ist nichts Neues. In der Geschichte der Kirche und der Welt gab es schon immer Berechnungen und Prophezeiungen des Weltendes. Während es im Neuen Testament einerseits abgelehnt wird, das Ende der Welt zu *be*rechnen, legten Jesus und Paulus allerdings viel Wert darauf, *mit* dem Ende der Welt zu rechnen.

In den Kinos kommt man schnell auf seine Kosten, wenn es um das Ende der Welt geht. Immer wieder füllen kostspielige Weltuntergangsstreifen die Kinokassen. Auch „2012" – ein Kinofilm von Roland Emmerich – hat sich ausgezahlt. Für dessen Macher; aber auch die mit „2012" verbundenen Nervenkitzel und Herzensängste zahlen sich für die Besucher aus und bringen Spannung und Entspannung zugleich in den Alltag.

Was also in den Kassen ankommt, ist klar. Weniger klar ist das, was in den Herzen ankommt. Und kommt es darauf nicht letzten Endes an? Oder geht es nur um Unterhaltung nach dem Motto „Ist ja nur ein Film …"?

Aber was wäre, wenn …?! – auch diese Frage stellt sich. Kleine und große Fragezeichen, Fantasien und Ängste können wie ein Schatten zurückbleiben bei dem Spiel mit der Angst und dem Geschäft mit dem Weltuntergang. Ängste sind ja nicht immer greifbar. Und doch greifen sie die Seele an.

Im Neuen Testament geht Jesus einen anderen Weg, um Ängste, Sorgen und Befürchtungen und Klagen ins Spiel zu bringen. Er redet Klartext, mehr stimmig als stimmungsmachend: Ja, es stimmt, es gibt die kleinen und großen persönlichen Katastrophen, fast wie persönliche Weltuntergänge. Und auch das große Weltende wird kommen. Ganz bestimmt. Auch wenn ich weder Datum noch Uhrzeit nenne. Diese Welt mit allen ihren Daten und Zeiten wird irgendwann untergehen. Unter allen Umständen steht das Ende bevor, um einem neuen Himmel und einer neuen Erde Platz zu machen. Dort wird Platz sein für ganz Anderes.

Weltuntergang – ja, den gibt es und den wird es geben. Aber Jesus gibt dazu noch eine Zusage zur Zukunft: Er lässt die Menschen damit nicht alleine. Er lässt sie *darin* nicht alleine:

> Euer Herz erschrecke nicht,
> wo es Schatten gibt, da ist auch Licht.
> Euer Herz sei unverzagt,
> weil es Jesus selbst so sagt.

Und das wird dann vielleicht tatsächlich „wie im Film" sein. Weil der Dreifaltige Gott da ist. Stärker, größer, mächtiger als alle persönlichen und weltweiten Katastrophen. Einer, der durch die Dunkelheit ins Licht und in die neue Welt führt. Jeder wird dann sagen können: Weltuntergang – Ich war dabei!

Anregungen zur Weiterarbeit

1. Dieser spirituelle Impuls M 17 beinhaltet einige „Inputs". Worauf kommt es dem Verfasser dabei an? Nennen Sie zunächst die wesentlichen Stichworte des Textes. Entwerfen Sie dann auf dieser Grundlage einen Tagebuch-Eintrag, dem Sie Ihre Gedanken und Gefühle zum Text anvertrauen.
2. Begeben Sie sich auf eine kulturhermeneutische Spurensuche: Untersuchen Sie Anspielungen, Andeutungen oder Anlehnungen zu biblischen Vorstellungen von Apokalypse und Eschatologie in aktuellen Kinofilmen, Song-Clips, PC-Spielen, Fantasy-Romanen u. Ä.
3. Gestalten Sie eine passende Rückseite für das oben gezeichnete T-Shirt mit der Aufschrift „Weltuntergang 2012 – Ich war dabei".

M 18 Mit Kindern den Tod zur Sprache bringen (Interview in einem Familienmagazin, 2007)

***mobile-familienmagazin.de**: Viele Eltern haben Sorge, ihr Kind zu früh mit dem Tod zu konfrontieren. Gibt es ein „Mindestalter", bis zu dem Eltern das Thema meiden sollten, um ihrem Kind nicht zu schaden?*

Reiner Andreas Neuschäfer: Gespräche über das Thema Tod können früh geführt werden, aber auch so natürlich, wie es nur eben geht. Das „Mindestalter" geben die Kinder mit ihren Fragen meistens selbst vor. Grundsätzlich gilt: Wer schon fragt, ist auch reif für eine Antwort. Zum Problem wird die Sache erst, wenn Eltern sich auf die ersten Fragen der Kinder nicht einlassen und sie mit ihnen allein lassen. Es ist wichtig, dass die Eltern selbst als verlässliche Bezugspersonen mit ihren Kindern das Thema Tod zur Sprache bringen. Gerade beim Thema Tod sollte das Feld nicht einfach anderen Erziehenden überlassen werden – ohne Einblick zu haben, was den Kindern dabei nahegebracht wird.

***mobile-familienmagazin.de**: Verliert ein Kind durch die Erfahrung, dass alle Menschen sterben müssen, nicht das Vertrauen in die Eltern, die das Kind bisher vor allem Bösen beschützt haben?*

Reiner Andreas Neuschäfer: Das Vertrauen wird bei Kleinkindern erst dadurch wirklich gestärkt, dass ihnen auch die enttäuschenden, traurigen Seiten des Lebens zugemutet werden und eben keine heile Welt vorgespielt wird. Eltern sollten nicht in erster Linie *vor* allem Bösen bewahren, sondern die Kinder für ein Leben *trotz* Bösem fit machen. Sie sollten die Kinder selbst stark machen gegen alles Böse, das ja auch von den Eltern kommen kann. Das Böse gehört zum Leben, aber das Leben gehört nicht dem Bösen!

***mobile-familienmagazin.de**: Wie verhindert man, dass das Kind anfängt, sich vor seinem eigenen Tod zu fürchten und fortan zaghaft und mutlos durchs Leben geht?*

Reiner Andreas Neuschäfer: Indem Sie niemals Fragen beantworten, die das Kind gar nicht gestellt hat! Das Kind bestimmt das Tempo und auch, wie intensiv über das Sterben gesprochen wird. Wo der Tod zum Leben dazu gehört, findet das Kind auch die Kraft, das Leben nicht dem Tod zu überlassen. Wenn eine traurige bzw. depressive Phase eine längere Zeit andauert, ist allerdings unbedingt seelsorgerliche oder psychotherapeutische Hilfe angesagt.

***mobile-familienmagazin.de**: Wie können Eltern die Frage „Warum lässt Gott einen Menschen sterben?" beantworten?*

Reiner Andreas Neuschäfer: Eltern dürfen ruhig ihre Unsicherheit zeigen und zum Beispiel sagen: „Das habe ich mich auch schon oft gefragt! Was denkst du denn darüber?" Mit älteren Kindern kann man auch verschiedene mögliche Antworten besprechen. Aber in der Regel wollen die Kinder ihre eigene „Lösung" präsentieren und zur Sprache bringen. Wenn sie dafür Raum haben, ist schon viel gewonnen!

***mobile-familienmagazin.de**: Wie kann man mit Kindern anschaulich über unsere Seele sprechen?*

Reiner Andreas Neuschäfer: Bei der Rede von der Seele bin ich persönlich vorsichtig! Die Vorstellung einer Seele soll ja nicht den Tod als solchen klein reden nach dem Motto „Der Körper ist tot, die Seele lebt weiter …". Christen glauben ja nicht in erster Linie an eine Unsterblichkeit der Seele, sondern an eine Unsterblichkeit *durch* die Auferstehung. Über die Seele kann man mit Kindern so reden, dass es mehr gibt als das Körperliche (das aber auch nicht zu verachten und gegen die Seele auszuspielen ist!): Wir leben nicht nur von Essen und Trinken, sondern auch von Zuwendungen, Zärtlichkeiten, Zuneigungen und Zusagen nach dem Motto „Das hat meiner Seele jetzt aber gut getan!". Was der Kinderseele gut tut, darüber kann man mit Kindern nicht nur beim Thema Tod ins Gespräch kommen. In der Bibel meint Seele eigentlich unsere Bedürftigkeit, unser Angewiesensein auf etwas anderes bzw. jemand anderen, um gut leben zu können.

***mobile-familienmagazin.de**: Wie kann man ein Kind trösten, wenn es eine Bezugsperson verliert, wenn also ein Todesfall große Veränderungen im Leben des Kindes nach sich zieht?*

Reiner Andreas Neuschäfer: Das hängt immer von der gesamten Situation des Kindes ab. Wichtig ist vor allen Dingen, dass man einem Kind nichts einredet, sondern es selbst zum Zug kommen und seine Gefühle ausdrücken lässt. Manchmal helfen sogenannte „Übergangsobjekte" wie Plüschtiere, Fotos, Bilder, Kissen oder Ähnliches.

***mobile-familienmagazin.de**: Sollte das Kind die Beerdigung als wichtige Etappe des Trauerprozesses miterleben, oder sollte die Erinnerung an die lebendige Person dadurch gewahrt bleiben, dass das Kind weder den Leichnam sieht noch an der Trauerfeier teilnimmt?*

Reiner Andreas Neuschäfer: Auch bei dieser Frage ist wichtig, was das Kind selbst für Wünsche äußert. Meine Erfahrungen haben gezeigt, dass es immer richtig war, das Kind die Beerdigung miterleben zu lassen, um so auch das Verhalten der Eltern, Geschwister und Bekannten besser nachvollziehen zu können. Kinder haben in punkto Leichnam und Friedhof in der Regel weniger Beklommenheit als Erwachsene. Allerdings sollte man sicherstellen, dass das Kind während der Beerdigung nicht auf sich allein gestellt ist. Und es ist gut, wenn es darauf vorbereitet wird, dass Menschen schwarz gekleidet sind und weinen.

Anregungen zur Weiterarbeit

1. Setzen Sie das Interview M 18 fiktiv fort: Entwerfen Sie Fragestellungen, die Sie interessieren.
2. Formulieren Sie das Interview M 18 in einen direktiven Text für einen Ratgeber für Eltern und Erzieher/Erzieherinnen um.
3. Suchen Sie eine passende Illustration oder ein geeignetes Bild für Ihren eigenen Text aus Aufgabe 2 (z. B. aus Zeitungen, dem Internet, selbst gezeichnet, selbst fotografiert).

M19 Der Philosoph und der Hirte (Enzyklika Spe salvi, Papst Benedikt XVI., 2007)

6. Die frühchristlichen Sarkophage stellen [...] bildlich dar – angesichts des Todes, vor dem die Frage nach dem, was Leben bedeutet, unausweichlich wird. Die Gestalt Christi wird auf den frühen Sarkophagen vor allem in zwei Bildern ausgelegt: der Philosoph und der Hirte. Unter Philosophie verstand man damals gemeinhin nicht eine schwierige akademische Disziplin, wie sie sich heute darstellt. Der Philosoph war vielmehr derjenige, der die wesentliche Kunst zu lehren wusste: die Kunst, auf rechte Weise ein Mensch zu sein – die Kunst zu leben und zu sterben. Den Menschen war freilich längst bewusst geworden, dass viele von denen, die als Philosophen, als Lehrer des Lebens herumliefen, nur Scharlatane waren, die sich mit ihren Worten Geld verdienten und über das wahre Leben gar nichts zu sagen hatten. Umso mehr suchte man nach dem wahren Philosophen, der wirklich den Weg zum Leben zeigen konnte. Ende des dritten Jahrhunderts begegnet uns erstmals in Rom auf einem Kindersarkophag im Zusammenhang der Auferweckung des Lazarus die Gestalt Christi als des wahren Philosophen, der in der einen Hand das Evangelium, in der anderen den Wanderstab des Philosophen hält. Mit diesem seinem Stab überwindet er den Tod; das Evangelium bringt die Wahrheit, nach der die Wanderphilosophen vergeblich gesucht hatten. In diesem Bild [...] wird anschaulich, was gebildete wie einfache Menschen in Christus fanden: Er sagt uns, wer der Mensch wirklich ist und was er tun muss, um wahrhaft ein Mensch zu sein. Er zeigt uns den Weg, und dieser Weg ist die Wahrheit. Er selbst ist beides und daher auch das Leben, nach dem wir alle Ausschau halten. Er zeigt auch den Weg über den Tod hinaus; erst wer das kann, ist ein wirklicher Meister des Lebens. Dies Gleiche wird im Bild des Hirten anschaulich. Wie beim Bild des Philosophen, so konnte die frühe Kirche auch bei der Gestalt des Hirten an bestehende Vorbilder römischer Kunst anknüpfen. Der Hirte war dort weitgehend Ausdruck des Traums vom heiteren und einfachen Leben, nach dem sich die Menschen in der Wirrnis der Großstadt sehnten. Nun wurde das Bild von einem neuen Hintergrund her gelesen, der ihm einen tieferen Inhalt gab: „Der Herr ist mein Hirte. Nichts wird mir fehlen. Muss ich auch wandern in finsterer Schlucht, ich fürchte kein Unheil; denn du bist bei mir ..." (Ps 23 [22],1.4). Der wirkliche Hirt ist derjenige, der auch den Weg durch das Tal des Todes kennt; der auf der Straße der letzten Einsamkeit, in der niemand mich begleiten kann, mit mir geht und mich hindurchführt: Er hat sie selbst durchschritten, diese Straße; ist hinabgestiegen in das Reich des Todes, hat ihn besiegt und ist wiedergekommen, um uns nun zu begleiten und uns Gewissheit zu geben, dass es mit ihm zusammen einen Weg hindurch gibt. Dieses Bewusstsein, dass es den gibt, der auch im Tod mich begleitet und mit seinem „Stock und Stab mir Zuversicht" gibt, so dass ich „kein Unheil zu fürchten" brauche (Ps 23 [22],4) – dies war die neue „Hoffnung", die über dem Leben der Glaubenden aufging.

M20 Ich bin der gute Hirte (Tonarbeit zu Joh 10,12)

M21 Mensch mit Hoffnung (Pfeifenreiniger-Skulptur, Schülerarbeit 2010)

Anregungen zur Weiterarbeit

1. Fassen Sie den Text M 19 in einem Konspekt zusammen (vgl. S. 76, Methodenseite).
2. Setzen Sie das Ton-Bild M 20 und die Schülerarbeit M 21 oder M 22 in Beziehung zum Text M 19. Gestalten Sie eigene „Menschen mit Hoffnung" mithilfe von Alltagsgegenständen.
3. Erörtern Sie, welche Möglichkeiten es noch gibt – über einen Text und eine künstlerische Gestaltung hinaus –, Hoffnung zur Sprache oder zum Ausdruck zu bringen oder Hoffnung zu geben.

M 22 Mensch mit Hoffnung (Pfeifenreiniger-Skulptur, Schülerarbeit 2010)

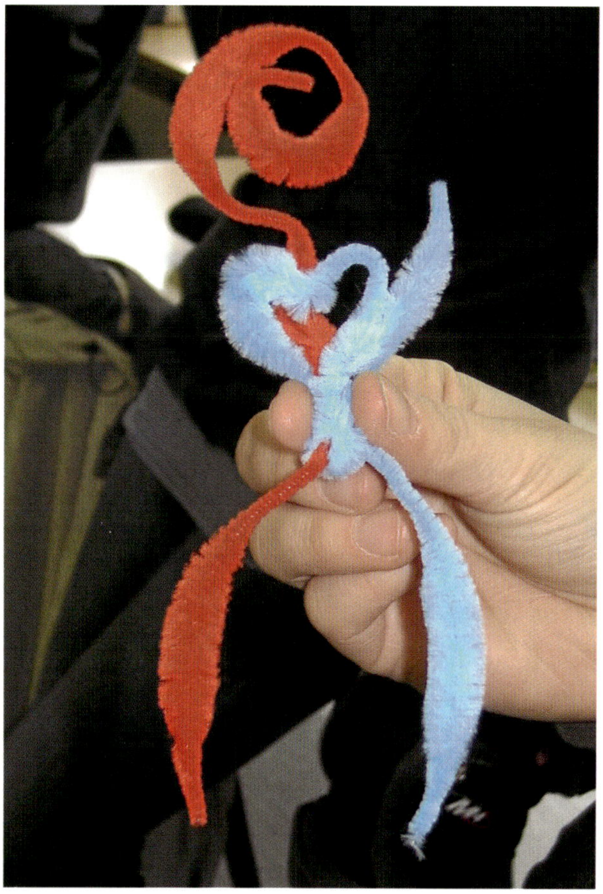

M 24 Erwartungshorizonte (Markus Mühling, 2007)

Die Ausdrücke dessen, was man erwarten kann und dessen, von dem man prospektiv überrascht sein kann, bilden den Erwartungshorizont. Zum Erwartungshorizont kann auch eine Horizonterweiterung gehören, d.h. man erwartet das Unvermutete, indem man retrospektiv überrascht wird. Im Alltag haben solche Erwartungen des Unvermuteten einen Erfahrungsgrund, der es u.U. erlaubt, das absolut Unvermutete zum relativ Unvermuteten werden zu lassen.
Eschatologie hat die Aufgabe, den Erfahrungsgrund christlicher Erwartung zu benennen und die Möglichkeit einer Unterscheidung des absolut Unvermuteten (*adventus*) vom relativ Unvermuteten (*futurum*) wahrzunehmen. […] Menschen blicken prospektiv erhoffend und befürchtend in die Zukunft und retrospektiv befriedigt und enttäuscht.
Christliche Eschatologie, so kann man vermuten, hat die Hoffnungen und Befürchtungen sowie das Zufriedengestelltsein und die Enttäuschungen des weltlichen Erwartungshorizonts unter der Perspektive letztgültiger Hoffnungen und Befürchtungen auf der Basis des christlichen Glaubens zu ihrem Gegenstand. […]
Eschatologie wird sich nicht nur mit den Haltungen, mit denen Menschen in den Erwartungshorizont schreiten, beschäftigen müssen, sondern auch mit den nötigen Verständnissen von Zeit und Ewigkeit. […]
Nach dem Grund eschatologischer Aussagen zu fragen bedeutet, die Frage nach der Konstitution christlicher Praxis, d.h. die Frage nach der Konstitution von christlichem Glauben und Hoffen und Lieben, zu stellen.

M 23 Sterben vor dem Tod? (Hägar-Comic)

Anregungen zur Weiterarbeit

1. Gestalten Sie den Hägar-Comic M 23 fort, indem Sie dem Jungen (Hamlet) eine Antwort oder Reaktion in den Mund legen.
2. Analysieren Sie, was der Autor in M 24 unter „Erwartungshorizont" und was unter der Aufgabe christlicher Eschatologie versteht.
3. Erörtern Sie den Unterschied zwischen *adventus* und *futurum*.
4. Stellen Sie sich vor, jemand, der M 24 gelesen hat, begegnet der Frau (Helga) im Hägar-Comic M 23. Erläutern Sie, worauf er oder sie unter Berücksichtigung des Textes M 24 im Gespräch mit Helga achten sollte.

M 25 Psalm 90 (Pappmaschee-Skulptur, Schülerarbeit 2011)

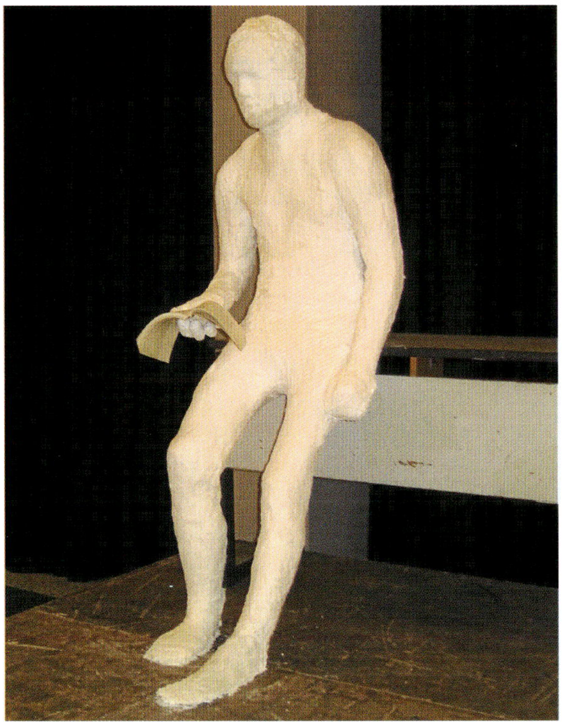

M 27 Mensch sein (Holz-Figuren, Schülerarbeit 2011)

M 26 Mensch sein (Holz-Figuren, Schülerarbeit 2011)

Anregungen zur Weiterarbeit

1. „Herr, lehre uns bedenken, dass wir sterben müssen!" Diesen Bibelvers aus Psalm 90 wählte ein Schüler für die Skulptur M 25 aus, die im Atrium einer Schule ausgestellt war. Setzen Sie sich mit diesem Titel unter Berücksichtigung von Gestik, Mimik, Körperhaltung, Gegenständen, Hintergrund, Standort, Farbgebung, Lichtverhältnissen usw. auseinander. Wählen Sie dafür entweder die Form eines Leserbriefs in der Schülerzeitung oder die einer beschreibenden Kommentierung für einen Ausstellungskatalog.
2. Die Holzfiguren in M 26 und M 27 drücken unterschiedliche Personen, Positionen und Begegnungen aus. Stellen Sie diese tatsächlich oder in Gedanken szenisch nach und legen Sie den Figuren den Bibelvers aus Psalm 90 in unterschiedlicher Betonung in den Mund. Erörtern Sie schriftlich die Veränderungen in Stimme, Stimmung und evtl. dem Inhalt der Aussage.

M 28 Das Gebet als Schule der Hoffnung (Enzyklika Spe salvi, Papst Benedikt XVI., 2007)

32. Ein erster wesentlicher Lernort der Hoffnung ist das Gebet. Wenn niemand mehr mir zuhört, hört Gott mir immer noch zu. Wenn ich zu niemand mehr reden, niemanden mehr anrufen kann – zu Gott kann ich immer reden. Wenn niemand mehr mir helfen kann – wo es sich um eine Not oder eine Erwartung handelt, die menschliches Hoffenkönnen überschreitet –: Er kann mir helfen.[1] Wenn ich in eine letzte Einsamkeit verstoßen bin: Der Betende ist nie ganz allein. Aus dreizehn Gefängnisjahren, davon neun in der Isolierhaft verbracht, hat uns der unvergessliche Kardinal Nguyen Van Thuan ein kostbares kleines Buch hinterlassen: *Gebete der Hoffnung*. Dreizehn Jahre in Haft, in einer Situation scheinbar totaler Hoffnungslosigkeit, ist ihm das Zuhören Gottes, das Redenkönnen mit ihm zu einer wachsenden Kraft der Hoffnung geworden, die ihn nach seiner Freilassung beflügelt hat, den Menschen in aller Welt Zeuge der Hoffnung zu werden – der großen Hoffnung, die auch in den Nächten der Einsamkeit nicht untergeht.

33. Sehr schön hat Augustinus in einer Predigt zum *Ersten Johannes-Brief* den inneren Zusammenhang von Gebet und Hoffnung dargestellt. Er definiert das Gebet als Übung der Sehnsucht. Der Mensch ist zum Großen geschaffen – für Gott selbst, für das Erfülltwerden von ihm. Aber sein Herz ist zu eng für das Große, das ihm zugedacht ist. Es muss geweitet werden. „Indem Gott die Gabe [seiner selbst] aufschiebt, verstärkt er unser Verlangen; durch das Verlangen weitet er unser Inneres; indem er es ausweitet, macht er es aufnahmefähiger [für ihn selbst]." Augustinus verweist auf den heiligen Paulus, der von sich sagt, dass er ausgestreckt auf das Kommende hin lebe (vgl. Phil 3, 13), und gebraucht dann ein sehr schönes Bild, um diesen Vorgang der Weitung und Bereitung des menschlichen Herzens zu beschreiben. „Stell dir vor, Gott will dich mit Honig [Bild für die Zärtlichkeit Gottes und seine Güte] anfüllen. Wenn du aber ganz mit Essig angefüllt bist, wohin willst du den Honig tun?" Das Gefäß, d.h. das Herz, muss zuerst ausgeweitet und dann gereinigt werden: vom Essig und vom Essiggeschmack befreit werden. Das kostet Arbeit, das kostet Schmerz, aber nur so entsteht die Eignung für das, wozu wir bestimmt sind.[2] Auch wenn Augustin unmittelbar nur von der Aufnahmefähigkeit für Gott spricht, wird doch ganz deutlich, dass der Mensch in dieser Arbeit, in der er sich vom Essig und seinem Essiggeschmack befreit, nicht nur für Gott frei, sondern gerade auch für die anderen offen wird. Denn nur indem wir Kinder Gottes werden, können wir beim gemeinsamen Vater sein. Beten bedeutet nicht, aus der Geschichte auszusteigen und sich in den privaten Winkel des eigenen Glücks zurückzuziehen. Rechtes Beten ist ein Vorgang der inneren Reinigung, der uns gottfähig und so gerade auch menschenfähig macht. Im Beten muss der Mensch lernen, was er von Gott wirklich erbitten darf – was Gottes würdig ist. Er muss lernen, dass er nicht gegen den anderen beten kann. Er muss lernen, dass er nicht um die oberflächlichen und bequemen Dinge bitten darf, die er sich gerade wünscht – die falsche kleine Hoffnung, die ihn von Gott wegführt. Er muss seine Wünsche und Hoffnungen reinigen. Er muss sich von seinen stillen Lügen befreien, mit denen er sich selbst betrügt: Gott durchschaut sie, und die Konfrontation mit Gott nötigt ihn, sie selbst zu erkennen. „Wer bemerkt seine eigenen Fehler? Sprich mich frei von Schuld, die mir nicht bewusst ist", betet der Psalmist (Ps 19 [18],13). Das Nichterkennen von Schuld, der Unschuldswahn, rechtfertigt und rettet mich nicht, denn ich bin selber schuld an der Abstumpfung meines Gewissens, an meiner Unfähigkeit, das Böse in mir als solches zu erkennen. Wenn es Gott nicht gibt, muss ich mich vielleicht in solche Lügen flüchten, weil es niemand gibt, der mir vergeben könnte, niemand, der wirklich Maßstab ist. […]

34. Damit das Gebet diese reinigende Kraft entfaltet, muss es einerseits ganz persönlich sein, Konfrontation meines Ich mit Gott, dem lebendigen Gott. Es muss aber andererseits immer wieder geführt und erleuchtet werden von den großen Gebetsworten der Kirche und der Heiligen, vom liturgischen Gebet, in dem der Herr uns immer wieder recht zu beten lehrt. Kardinal Nguyen Van Thuan hat in seinem Exerzitienbuch erzählt, wie es lange Momente der Gebetsunfähigkeit in seinem Leben gab und wie er sich an den Gebetsworten der Kirche festgehalten hat: am Vaterunser, am Ave Maria, an den Gebeten der Liturgie.[3] Im Beten muss es immer dieses Ineinander von gemeinschaftlichem und persönlichem Gebet geben. So können wir mit Gott reden, so redet Gott zu uns. So geschehen an uns die Reinigungen, durch die wir gottfähig werden und die uns befähigen, den Menschen zu dienen. So werden wir der großen Hoffnung fähig, und so werden wir Diener der Hoffnung für die anderen: Hoffnung im christlichen Sinn ist immer auch Hoffnung für die anderen. Und sie ist aktive Hoffnung, in der wir darum ringen, dass die Dinge nicht „das verkehrte Ende" nehmen. Sie ist aktive Hoffnung gerade auch in dem Sinn, dass wir die Welt für Gott offenhalten. Nur so bleibt sie auch wahrhaft menschlich.

Anmerkungen

1 Vgl. Katechismus der Katholischen Kirche, Nr. 2657.

2 Vgl. in 1 Joannis 4,6: PL 35, S. 2008 f.

3 Hoffnung, die uns trägt, Freiburg 2001, S. 121 f.

Anregungen zur Weiterarbeit

1. Die Enzyklika Spe salvi bezeichnet das „Gebet als Schule der Hoffnung". Erörtern Sie, worin sich diese Formulierung im laufenden Text M 28 widerspiegelt.
2. Erläutern Sie, was der Text unter „aktiver Hoffnung" versteht.
3. Untersuchen Sie, an welchen Stellen sich in M 29 Gedanken von Papst Benedikt XVI. aus M 28 wiederfinden.
4. Arbeiten Sie aus dem Text M 29 ein Interview heraus, in dessen Mittelpunkt die Chance des Gebets im Blick auf die Frage der Hoffnung für junge Menschen steht.

M 29 Zu allem Ja und Amen sagen? Einschätzungen zu Kindergebetbüchern (aus einer Zeitschrift für Katholische Bücherei- und Medienarbeit, 2008)

Dem Beten auf der Spur

Kinder brauchen ein Gegenüber. Sie sehnen sich nach jemandem, der ihnen zuhört und doch nicht nur alles abnickt. Sie wünschen sich jemanden, dem sie alles sagen können, der aber nicht zu allem Ja und Amen sagt. Immer weniger Kinder erleben ihre Eltern als so ein Gegenüber, sondern als Partner – quasi auf Augenhöhe mit ihren Kindern. Das klingt zwar reizvoll für die, die Autorität eher von ihrer problematischen Seite kennengelernt haben. Doch den Kindern wird damit nicht mehr das gegönnt, was sie neben Zeit und Zuneigung zum Aufwachsen brauchen: Grenzziehungen und Kritik. Wer das vor Augen hat, für den gewinnt das Beten mit Kindern ganz neu an Bedeutung: denn im Gebet erleben sie Gott als ein Gegenüber, dem sie alles sagen können und das sich tatsächlich alles sagen lässt – vom Dankeschön bis zur Klage. Jedoch können sie dieses Gegenüber weder steuern noch beherrschen. Wenn sie Gott wie ihre Eltern „in die Tasche stecken" könnten, wäre Gott ja kein lebendiges Wesen mehr, sondern nur noch eine Witzfigur!

Beten braucht Begleitung und Beziehung

Nicht unbedingt witzig ist das, was zurzeit Kindern zum Thema Beten an Hilfe in Form von Büchern und Medien zugemutet wird. Vom klassischen Buch voller Texte oder Bilder bis zum Gebetswürfel, Gebets-Fächer oder sogar Gebets-Toaster reicht die Palette. Es gibt Schatztruhen mit Gebetszetteln oder kleine Truhen mit Engelsgebeten und allerhand weitere Ideen, das Beten für Kinder „schmackhaft" zu machen. Nicht selten wird dabei das Eigentliche aus dem Auge verloren: auch all diese Bücher und Medien brauchen Begleitung durch Erwachsene. Wer Kinder beim Beten begleitet, wird vielleicht selbst bei sich, den Kindern und Gott neue Seiten entdecken. Auf der einen Seite ist es für die Kinder gut zu beten, auf der anderen Seite ist es auch schlicht und einfach ein Ausdruck von Beziehung. Wer seine Kinder im Glauben erzieht, zieht in puncto Beten am besten mit ihnen an einem Strang, sorgt für ein Miteinander. Wo es ohne Zwang zugeht und doch geregelt, da ist das Beten ein richtiger Rahmen – ein Ritual, das manchmal dem Alltag abzuringen ist! Zum Beispiel können Gebete zur Mahlzeit oder am Abend schöne Fixpunkte im täglichen Einerlei sein.

Kinder sind regelrecht dankbar für diese regelmäßigen Augenblicke der Ruhe, in denen es einmal nicht hoppla hopp gehen muss. So kann ein Gebet dafür sorgen, dass das Essen weder hastig noch wie nebenbei eingenommen wird und dass das Zubettgehen weder zu schnell noch ohne Ende verläuft. Natürlich sind das nur Nebeneffekte des Betens, doch ist auch deren Sinn nicht von der Hand zu weisen. Denn wenn Kinder Hände falten oder auf andere Weise beten, empfinden sie Sicherheit und Geborgenheit: Egal wie stressig der Tag gelaufen ist, sie dürfen sich auf einen schönen Moment der Ruhe vor dem Schlafen freuen.

Festes und Freies bringt in Form

Das Beten kann dabei ganz unterschiedlich aussehen und sich verändern. Es hat immer eine individuelle und intime Note. Darauf sollten Kindergebetbücher hinweisen und auch, dass Kinder anders beten als Erwachsene.

Jüngere Kinder bitten vor allem, wenn sie beten: „Lieber Gott, bitte mach ..." Eigenartigerweise haben Kinder normalerweise bei Nichterfüllung ihrer Bitten keine Probleme damit. Erwachsene sollten daraus dann auch kein Problem machen! Manche junge Menschen möchten nicht alleine den Mund aufmachen; sie genießen es, gemeinsam ein Tischgebet zu singen. Sowieso hat jedes Kind verschiedene Bedürfnisse beim Beten. An fest formulierten Gebeten kann man sich festhalten und erst langsam lernen, auf eigenen Füßen zu stehen. Frei formulierte Gebete können helfen, auf die eigenen Gedanken und Gefühle zu achten. Beide Formen sind nicht gegeneinander auszuspielen, sondern durch Hinweise und Hilfen in den Kindergebetbüchern ins Spiel zu bringen. Die Länge eines Gebets spielt ebenso wenig eine Rolle wie die konkrete Handhaltung. Was Erwachsene als albern empfinden, kann für Kinder Ausdruck ihrer Freude sein. Nur eine Regel sollten Eltern immer beherzigen: während des Betens nicht ermahnen oder zurechtweisen. Dann lieber das Gebet abbrechen und eindeutig klar machen, dass Beten nicht etwas ist, das man beliebig stören kann. Ein kurzes „Danke lieber Gott für das Essen!" kann für Gott etwa eine wahre Freude sein! Und um ihn geht es ja beim Beten ... Hilfreich ist es, durch kleine Schritte, einen Weg dafür zu bahnen, hinter dem Gebet etwas Besonderes zu ahnen: z. B. durch das Anzünden einer Kerze, durch das bewusste Falten der Hände, durch das bewusste Aufstehen.

Auf die Atmosphäre sollten Kindergebetbücher auch durch die eigene ansprechende, Interesse weckende Gestaltung hinweisen. [...]

Jedes Kindergebet ist anders und verändert sich

Kinder stehen darauf, verschiedene Erfahrungen mit dem Gebet zu machen: einerseits Gewohntes, andererseits Abwechslung. So kann man das Kind auffordern, Gott zu erzählen, wie der Tag gelaufen ist. Oder sie bringen in ihren ganz eigenen Worten ihre Freude zum Ausdruck oder ihren Schmerz – jedenfalls ganz „unzensiert" auch das, was sie nicht begreifen oder akzeptieren. Kinder ab dem 3. Schuljahr können beispielsweise ein Tagebuch in Gebetform schreiben. Es ist auch schön, wenn Kinder im Gebet sagen, was sie brauchen oder gerne haben möchten. Wo Kinder danken, können sie ihren Glücksgefühlen freien Lauf lassen.

Auf der anderen Seite ermöglicht das Klagen, auch Ärgerliches, Schwieriges oder Schmerzhaftes über die Lippen zu bringen. Dabei nehmen Kinder manchmal kein Blatt vor den Mund. Eine besondere Erfahrung ist es für Kinder, wenn sie eine Weile in die Stille horchen können. Dann bekommen sie eine Ahnung davon, dass das Gebet so etwas wie ein WLAN-Stick ist, durch den sie jederzeit mit jemandem verbunden sein können. Insofern wollen Kindergebetbücher durch ihre Gebetsvorschläge lediglich Zugänge eröffnen und keinesfalls Zwänge erzeugen. Sie sind Vorlagen für eine eigene „Sprache des Gebets" von Kindern.

2.2 Fegefeuer-Fantasie

M1 Unsere Seelen Gott – Unsere Leiber den Feinden

In der Schweiz findet sich über dem Eingang der St.-Jakob-Kirche in Basel die Inschrift „Unsere Seelen Gott, Unsere Leiber den Feinden". Diese Inschrift bezieht sich auf eine kriegerische Auseinandersetzung im Südwesten Deutschlands und der Schweiz.

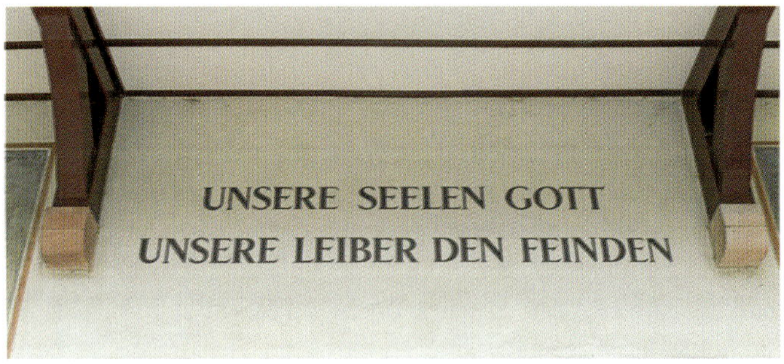

M2 Aufzug ins Fegefeuer?

Anregungen zur Weiterarbeit

1. Nähern Sie sich der Inschrift unter M1 zunächst rein emotional. Beschreiben Sie, was diese zwei Zeilen in Ihnen auslösen.
2. Erörtern Sie, wo Sie eventuell einer ähnlichen Gegenüberstellung von Körper (Leib) und Seele schon begegnet sind.
3. Jemand meinte, das Aufzugsymbol M2 passe gut zur Vorstellung vom Fegefeuer. Bewerten Sie mit Ihrem Tischnachbarn/Ihrer Tischnachbarin diese Einschätzung.

M 3 Die Frage des Ewigen (Max Dirkmorfeld, 2013)

In dieser Grafik fallen zwei unterschiedliche Symbole (bzw. ein Symbol und eine Farbe) zusammen, die je für sich, aber auch zusammen betrachtet etwas ausdrücken:
Das erste Symbol stellt ein **Fragezeichen** dar (in Schwarz). Es signalisiert:

- die Unbegreiflichkeit Gottes,
- das für Menschen nicht Erfassbare,
- die alltäglichen Fragen über „Gott und die Welt",
- Fragen an Gott, die eventuell erst später beantwortet werden.

Wir sehen jetzt durch einen Spiegel
ein **dunkles** ***Bild;***
dann aber
von Angesicht zu Angesicht.
Jetzt erkenne ich stückweise;
die zweite Farbe, das **Helle,**
stellt das Dunkle in den Schatten:

- die Weisheit Gottes,
- die Gnade, die Wahrheit und die Unfehlbarkeit Gottes,
- Gottes Licht in einem noch so dunklen Leben (es gibt nichts, was einem Menschen die Würde nehmen kann!).

Dann aber werde ich erkennen,

Beide Symbole zusammen ergänzen sich zu einem gedrehten **Unendlichkeitszeichen** (∞):

- Bei Gott ist die Vollendung des Seins.
- Für Gott ist die Schöpfung unendlich schön.
- Gott ist unendliche Liebe.

wie ich erkannt bin.

Letztendlich (!) bleibt die ebenso unendliche wie unfassbare Liebe das Zentrum christlicher Gottes-Vorstellung:

Nun aber bleiben Glaube, Hoffnung, Liebe, diese drei;
aber die Liebe ist die größte unter ihnen.
1 Kor 13,12 f.

Anregungen zur Weiterarbeit

1. Beurteilen Sie die Grafik und deren Interpretation aus der Feder von Max Dirkmorfeld M 3. Nennen Sie Anknüpfungspunkte für eine Fegefeuer-Vorstellung.
2. Fassen Sie Ihr Textverständnis von M 4 in einen grafischen Konspekt (S. 76, Methodenseite).
3. Erörtern Sie die Chance und die Gefahr einer Fegefeuer-Lehre. Setzen Sie sich mit Ihrem Tischnachbarn/Ihrer Tischnachbarin auf der Basis von M 3 darüber auseinander.

M 4 Fegefeuer – eine veraltete Mythologie? (Johanna Rahner, 2010)

Beim Wort Fegefeuer assoziieren viele Christen eine Art Vorhölle, eine ‚kleine Hölle auf Bewährung'. Da das Fegefeuer aber ein negativ besetzter Ort der Qual und der Pein, der Strafe für begangene Sünden ist, erleidet es das gleiche Schicksal wie das Thema Hölle: Es erscheint als heute kaum mehr verständlich zu machen, allenfalls als ein veralteter Mythos, eine Bild- und Vorstellungswelt vergangener Zeiten, die nur ein Ziel hatte: Dem Menschen ein schlechtes Gewissen einzureden und die Angst vor den jenseitigen Strafen zu schüren, um das Verhalten im Diesseits zu verbessern. [...] Konkret liegt tatsächlich die ‚Geburt' des Fegefeuers im Mittelalter. Diese Epoche hatte ihre eigenen Vorstellungen und ihre eigenen theologischen Bedürfnisse und hat darauf eine Antwort gesucht und gegeben. [...] Der Blick in die Bibel ist ernüchternd. Weder das Alte noch das Neue Testament sprechen explizit vom Fegefeuer. Das ist zum Beispiel der entscheidende Grund dafür, wieso die Vorstellung vom Fegefeuer durch die Reformatoren abgelehnt wurde. Sie hat keine biblische Grundlage. Vielfach werden zur Legitimation dieser Vorstellung Bibelstellen herangezogen, die eigentlich anders gedeutet werden müssen und nur mit Mühe als Hinweis auf so etwas wie die Idee eines Fegefeuers verstanden werden können. So finden wir im Alten wie im Neuen Testament Texte, in denen das Gericht Gottes, seine Gerechtigkeit, der Tag des Herrn etc. mit Motiven der Reinigung, der Klärung, der Bewährung oder – so das traditionelle Wort – ‚Läuterung' umschrieben werden. [...] Der liebende, ja der für sein Volk sich ereifernde Gott ist wie ein Feuer, das verbrennt. Manch prophetische Gerichtsszene kann mit dem Bild des Feuers als Zeichen des Eifers, des Zorns, des Engagiertseins Gottes spielen. So nimmt das Feuer einen festen Platz im Szenenrepertoire des Endgerichts ein. [...] Explizit biblisch ist hingegen die Idee eines fürbittenden Gebets für die Verstorbenen (2 Makk 12,45). Dahinter steht die Idee einer mit dem Tod nicht einfach endenden Solidargemeinschaft der Glaubenden. Diese Idee des Judentums übernimmt nun das frühe Christentum. Daneben kennt es die Idee eines betenden Gedenkens derer, die aktuell nicht teilhaben an der Gottesdienstgemeinschaft; sei es, weil sie physisch abwesend sind, sei es, weil sie aufgrund ihrer Verfehlungen im altkirchlichen Bußverfahren vorübergehend aus der Gottesdienstgemeinschaft ausgeschlossen worden sind. All diese Hinweise sind zugegebenermaßen wenig spezifisch für das Fegefeuer selbst, beeinflussen seine Theologie aber dennoch. [...]
Das Konzil von Trient (Dekret über den Reinigungsort vom 3.12.1563, DH 1820) formuliert gegen die Reformatoren nur: Es gibt einen Reinigungsort und die dort befindlichen Seelen erfahren durch die Fürbitte der Gläubigen eine Hilfe. Darüber hinaus fügt es eine Mahnung an die Bischöfe hinzu, keine weiteren theologischen Ausdeutungen, Spitzfindigkeiten oder Ausmalungen zuzulassen. Den Missbräuchen soll ein Ende gesetzt werden. [...] Solche Fragen haben nicht nur mit dem typischen Anliegen einer Differenzierung und Systematisierung der theologischen Gedanken im Mittelalter zu tun, sondern sie entspringen einem verfeinerten Schuldbewusstsein des Mittelalters, das eine besondere Bußgesinnung zur Folge hat. Gerade diese verfeinerte Bußgesinnung ist ein starkes Element, das in der Theologiegeschichte des Mittelalters für die Ausarbeitung des Fegefeuergedankens besonders wichtig wird. [...] All das führt zu einer hohen Sensibilität für das eigene Leben, das, was daran gut ist und vor allem das, was daran schlecht ist. Es kommt zu einer Interiorisierung und Individualisierung des Sünden- und Schuldverständnisses. Diese Phase des Mittelalters ist daher von einem ausgeprägten Sinn für Schuld und Sünde geprägt. Angesichts der Hypersensibilisierung sind die Höllen- und Verdammnisängste umso größer. Wie entlastend muss daher der Gedanke an das Fegefeuer gewesen sein, der die Chance gab, vor dieser letzten, endgültigen Konsequenz, die ein allein gültiger eschatologischer Dualismus – entweder Himmel oder Hölle – vorgab, doch noch bewahrt werden zu können. [...] Das seelsorgerliche Bedürfnis bleibt, aber die kirchlich darauf gegebene Antwort wird schal, unglaubwürdig. Und an diesem entscheidenden Punkt legt dann die Reformation den Finger in die Wunde. Kein Wunder also, dass frühreformatorische Kritiker wie John Wyclif und Jan Hus, aber auch die eigentlichen Reformatoren wie Martin Luther, Johannes Calvin und Huldrych Zwingli angesichts einer völlig verkommenen Praxis der Fegefeuertheologie zu vehementen Gegnern der Fegefeuertheologie werden. [...]
Das Motiv des Fegefeuers und das Motiv des Gerichts gehören unmittelbar zueinander. Gottes Gerechtigkeit kann sich nicht zeigen, ohne dass uns dabei unsere Ungerechtigkeit weh tut, ohne dass uns dabei die Schamesröte ins Gesicht drängt. Fegefeuer und Gericht sind verschiedene Aspekte ein und derselben Sache. Nämlich der Selbsterkenntnis, des Selbstgerichts, das durch die klärende Begegnung mit Gott in uns ausgelöst wird. Diese brennende Erfahrung der Gottesbegegnung beschränkt sich aber nicht nur auf das Bewusstwerden unserer Schuld. Die biblischen Texte sprechen explizit von der Klärung, der Läuterung. In unserem heutigen Verständnis bedeutet das: Gott selbst macht uns dadurch, dass er uns begegnet, dazu bereit, neu anfangen zu können, unsere Unzulänglichkeiten, das, was wir nicht getan haben, aber hätten tun sollen, auch hinter uns zu lassen. Gott selbst macht uns bereit so zu werden, dass die Begegnung mit ihm, seiner Liebe, seiner Gerechtigkeit uns nicht mehr weh tut, nicht mehr brennt. Er tut dies, indem er selbst das ausgleicht, was uns und unserem Tun und Lassen noch fehlt. Er tut dies, indem er die Tat der Liebe leistet, zu der wir nicht fähig waren, indem er das an uns ergänzt, was uns zu unserem geglückten Menschsein noch fehlt. Das heißt, Läuterung und Reinigung ist nicht nur ein äußerliches Abwaschen, sondern eine innere Verwandlung, ein Ergänztwerden, ein Vollendetwerden. Gott macht uns zu dem Menschen, der wir eigentlich hätten sein sollen. Er schafft weg, was falsch war, ergänzt, was fehlt, hebt hervor, was gut war, und lässt uns zum Schluss so dastehen, dass wir uns selbst wieder in die Augen schauen können.

2.3 Das Letzte und das letzte Gericht

M1 „Die Hölle, das sind die anderen" (zu Jean-Paul Sartre, „Geschlossene Gesellschaft", 1944)

Welche Vorstellungen stellen sich ein, wenn das Wort „Hölle" auftaucht? Als Garcin, Inès und Estelle in der Hölle eintreffen, haben sie körperliche Qualen an Marterpfählen, glühende Bratroste oder Folterwerkzeuge erwartet. Nun hat jeder der drei Höllenbewohner seinen eigenen Platz, wobei der in der Mitte etwas Besonderes an sich hat. Alle drei Höllenbewohner, die sich im Leben nie begegnet sind, haben ihr Leben verpfuscht. Sie versuchen allesamt, sich mit Vielworterei – Erklärungen und Ausreden – zu rechtfertigen und nun eben zurechtzukommen. Damit kommen sie jedoch nicht weit. Quasi von den anderen gezwungen, müssen sie ihre Vergehen gestehen: Mord, Zanksucht, Folter schlagen im gegenseitigen Schlagabtausch zu Buche. Allesamt fragen sie sich im Grunde genommen: Wie definiere ich mich in der Welt? Die Antwort wird schnell klar: Durch den Blick der Anderen! Die Selbstdefinition ist oft nicht mehr als Selbstbefriedigung und führt zur Tendenz, sich eine flache, falsche Existenz zu schaffen. Was bleibt an Echtheit hinter allen Masken, Parolen und Lebenslügen?! Wo bleibt die Freiheit, immer von Neuem handeln zu können und die Chance auf eine Veränderung zu haben?

Inès durchschaut als Erste das psychologische Spiel, dem alle ausgeliefert sind. Man wird unwillkürlich erinnert an die Aussage des Religionsphilosophen Martin Buber: „Wenn zwei Menschen sich begegnen, begegnen sich Abgrund und Abgrund."

Auch in Jean-Paul Sartres „Geschlossener Gesellschaft" ist jeder des anderen Spielverderber, Quälgeist und Folterknecht, eben: *„L'enfer, c'est les autres – Die Hölle, das sind die anderen."* Doch als allen dreien die Tür geöffnet wird und Freiheit möglich scheint, erscheinen Angst und Feigheit als übermächtig. Es überwiegen Bangigkeit und Kleinmut. Somit geben sie sich dem ewigen Spiel hin: „Also – weitermachen!"

Die zunehmende Bedeutung der sozialen Netzwerke und die Zwanghaftigkeit der medialen Selbstverwirklichung machen in einer neuen Dimension erfahrbar, wie problematisch der stete Blick auf den Blick der anderen auch sein kann:

- Was macht man sich und anderen vor?
- Was macht mir die Beurteilung durch andere aus?
- Wie gehe ich damit um, wenn andere mich anders einschätzen als ich mich selbst?
- Wann kann ich mich davon ausruhen, dass ständig der Blick anderer auf mir ruht?

Von Paulus her sollten wir lernen zu sagen: *„L'enfer, c'est moi! – Die Hölle bin ich selber!"* Das ist zwar eine Zumutung. Aber ich kann sie ertragen. Weil ich als Christ getragen bin: von Christus. „So gibt es nun keine Verdammnis für die, die in Christus Jesus sind." (Röm. 8,1)

Rainer Andreas Neuschäfer

M2 Apokalypse als Offenbarung zwischen Drohung und Trost (Reiner Andreas Neuschäfer, 2013)

Der moderne Begriff der Apokalyptik ist vom antiken Verständnis des Wortes grundsätzlich zu unterscheiden. Das Wort selbst verdankt seine Übernahme in die westlichen Sprachen vor allem dem letzten Buch der Heiligen Schrift, der Johannes-Offenbarung bzw. Apokalypse. Im altgriechischen Urtext ist dieses letzte Buch der Bibel überschrieben mit *apokalypsis Iesou Christi*. Das altgriechische Wort *apokalypsis* bedeutet in erster Linie Enthüllung von etwas Verborgenem, „Entbergung" lebenswichtiger Geheimnisse über die Hintergründe gegenwärtigen Daseins und zukünftiger Entwicklung. Das geschieht nicht durch Vorhersage oder Wahrsagerei, sondern durch eine von Gott selbst bewirkte Inspiration per Vision oder Audition eines auserwählten Menschen. Dieser bringt seine „geheime Erfahrung" schriftlich zur Sprache – allerdings nicht in Form einer sachlichen Mitteilung, sondern verschlüsselt in symbolreichen Äußerungen. Dadurch wird dem Inhalt zusätzlich eine besondere Nuance verliehen, die teilweise bewusst undeutlich ist oder zumindest unterschiedliche Deutungen zulässt.
In der Johannes-Offenbarung findet sich neben einer offensichtlichen Ankündigung entsetzlicher Katastrophen (Offb 6) auch diejenige eines ewigen heilvollen Reiches Gottes (Offb 21), in dem Gott rundum das Sagen haben wird.
Es existiert keine einzige spätisraelitische oder urchristliche Apokalypse, die lediglich mit einer universalen Katastrophe enden würde. Der Ausblick endet immer mit einer Aussicht auf eine „heile Welt". Dagegen spürt man in der gegenwärtigen säkularen Apokalyptik eine gewisse Lust an Weltuntergang und Katastrophenangst.
Die Johannes-Offenbarung ist vielleicht auch eine Antwort auf die Lebensfeindlichkeit der Welt:
Wie kann man in einer Welt leben, die eigentlich ganz anders sein müsste, um mit ihr bzw. auf ihr leben zu können?

Anregungen zur Weiterarbeit

1. Analysieren Sie den Unterschied zwischen den Aussagen „Die Hölle sind die anderen" und „Die Hölle bin ich selber" in M 1.
2. Arbeiten Sie die zentralen Aussagen von M 2 in einem (Schau-)Bild heraus.

M3 Die Apokalypse (Mt 24,29–31) in einer Auslegung des Theologen Prof. Thomas Söding (2013)

Mt 24,29–31: 24 [29]Gleich nach der Bedrängnis jener Tage wird sich die Sonne verfinstern und der Mond wird seinen Schein nicht mehr geben; die Sterne werden vom Himmel fallen und die Kräfte des Himmels erschüttert werden. [30]Dann wird das Zeichen des Menschensohnes am Himmel erscheinen; alle Völker der Erde werden wehklagen und sie werden den Menschensohn mit großer Macht und Herrlichkeit auf den Wolken des Himmels kommen sehen. [31]Er wird seine Engel mit lautem Posaunenschall aussenden und sie werden seine Auserwählten aus allen vier Windrichtungen sammeln, vom einen Ende des Himmels bis zum anderen.

Im Zentrum der Endzeitrede greift Matthäus eine Vorlage des Markus auf. Jesus prophezeit die Zerstörung des Tempels, die zur Abfassungszeit des Matthäusevangeliums schon geschehen sein wird, aber er warnt immer wieder davor, diese geschichtliche Katastrophe oder andere Notfälle schon für das Ende der Welt zu erklären und entsprechend Panik zu verbreiten. Zwischen der Not, dem Unglück und dem Verbrechen in der Geschichte einerseits und dem Untergang ganz am Ende der Welt gibt es zwar einen Zusammenhang; Jesus prägt das Bild der „Wehen“: Sie sind Vorzeichen der Schmerzen, ohne die es keine Geburt gibt, so wie die Glücksmomente Vorzeichen des ewigen Lebens sind, auch wenn es den Tod noch gibt.

Wenn aber das Ende der Zeit kommt, wird alles neu. Ob man es irgendwann einmal auf der Zeitachse punktgenau markieren kann, ist eine Frage, die von der Theologie im Gespräch mit den Naturwissenschaften und der Philosophie diskutiert werden muss. Sicher gibt es aber in jedem kreatürlichen Leben einen definitiven Endpunkt: den Tod. Nach dem Neuen Testament gibt es auch ein definitives Ende der Welt, so wie es einen definitiven Anfang gegeben hat; nur so kann es einen neuen Anfang geben, ein ewiges Leben, ein vollendetes Reich der Himmel. Die Physik rechnet aus, wann das All den Wärmetod stirbt. Die Bibel setzt darauf, dass die Zeit in Gottes Händen steht.

Das Weltende beschreibt Jesus auch bei Matthäus mit erschütternden Bildern. Die Welt gerät aus den Fugen; die schöne Ordnung, die Gott ihr nach der Genesis gegeben hat, geht dahin. Die Sterne fallen vom Himmel. Bis in die Gedichte des Expressionismus hinein ist die poetische Kraft der apokalyptischen Bilder ungebrochen; ihre Wirkung ist nach wie vor stark, kein Katastrophenfilm kommt ohne sie aus.

Dennoch ergeht Jesus sich nicht in einem Horrorszenario. Vielmehr beschreibt er, wie die Welt noch einmal zur Bühne für den Menschensohn wird. Nach Matthäus hat Jesus sich bereits in seinem irdischen Leben als „Menschensohn“ identifiziert: in seiner Vollmacht und in seinem Leiden. Hier taucht die Gestalt dort auf, wo sie die jüdische Endzeiterwartung sieht: beim Ende der Welt, wo der „Menschensohn“ als Sachwalter der Gottesherrschaft und als Richter im Auftrag Gottes kommen wird.

So wie der Hoheitstitel „Menschensohn“, der Jesus ganz nah bei Gott und bei den Menschen sieht, vom Endzeitgeschehen in die Geschichte des Lebens und Sterbens Jesu übertragen wird, so wird umgekehrt in der Endzeitrede deutlich, dass der kommende Menschensohn die Sendung Jesu vollendet: alle zu sammeln, die Gott retten will. Vielen macht der Jüngste Tag Angst; hier zeigt sich, dass er im Gegenteil ein Tag der Hoffnung ist. Er ist der Tag des Gerichts. Aber die Reihenfolge der Motive zeigt, wie das zu verstehen ist: Die Sammlung geschieht nicht zur Verwerfung, sondern das Gericht dient der Rettung. […] Es wird ein zweites, ein letztes, ein endgültiges „Hochgelobt sei, der da kommt im Namen des Herrn“ angestimmt werden (Mt 23,39) – auch von denen, die womöglich nach dem Hosianna des Einzugs Jesu in Jerusalem das „Kreuzige ihn“ gerufen haben. Dieses Loblied wird dem Menschensohn gesungen werden, wenn er kommt – und als Jesus wiederkommt.

Die apokalyptische Vision Jesu nimmt diese Spannung auf. Der Menschensohn wird aktiv; er sendet seine Engel (das griechische Wort heißt auf Deutsch: Boten) aus, so wie er seine Jünger ausgesandt hat; und so wie die alle „verlorenen Schafe des Hauses Israel“ (Mt 10,4) sammeln und später alle Völker zur Taufe führen sollten (Mt 28,16–20), so werden am Ende, wenn kein Mensch mehr irgendetwas für sich und andere tun kann, die Engel ausschwärmen, um im Auftrag des Menschensohnes alle zu suchen und zu finden, die Gott erwählt hat, um sie zu retten.

Wie viele das sind und ob es irgendwelche Menschen gibt, die Gott nicht für sein Reich bestimmt hat oder die sich letztlich seinem Ruf verweigern – darüber gibt es im Neuen Testament keinerlei Spekulationen. Entscheidend ist: Auf der ganzen Welt werden sie sich finden lassen; aus allen Himmelsrichtungen werden sie geholt werden. Das ist die entscheidende Aufgabe des Menschensohnes am Ende aller Tage. Es ist deshalb die Vollendung der Sendung Jesu von Nazaret.

Anregungen zur Weiterarbeit

1. Skizzieren Sie den Zusammenhang der Sendung Jesu von Nazaret und der Wiederkunft des Menschensohnes.
2. Erläutern Sie den entscheidenden Unterschied zwischen einer alttestamentlich-jüdischen Apokalypse und den Äußerungen zur Apokalypse in Mt 24.
3. Erschließen Sie sich folgende Bibelstellen: Mk 1,15; Mk 4,30–32; Mk 13; Mt 12,28; Lk 17,21; 2 Thes 2,2. Setzen Sie diese in Beziehung zu den Passagen von M 3.

M 4 Vom Leben nach der Geburt (Quelle unbekannt)

Ein Zwillingspaar, noch ungeboren, unterhält sich im Bauch der Mutter:

„Sag mal, glaubst du eigentlich an ein Leben nach der Geburt?", fragt der eine Zwilling.

„Ja, natürlich. Hier drinnen wachsen wir und werden stark für das, was dann auf uns zukommt", antwortet der andere.

„Aber das ist doch Quatsch!", sagt der erste. „Es kann gar kein Leben nach der Geburt geben – wie sollte das denn aussehen?"

„So hundertprozentig weiß ich das auch nicht. Aber es wird sicher viel heller sein als hier jetzt. Und vielleicht werden wir herumlaufen und mit dem Mund Nahrung aufnehmen!"

„Das ist doch Blödsinn – mit dem Mund Nahrung aufnehmen, so ein verrückter Einfall! Wir haben doch die Nabelschnur, die uns ernährt. Und wie willst Du herumlaufen? Dafür ist die Nabelschnur doch viel zu kurz!"

„Doch, es geht ganz bestimmt. Es wird eben einfach alles ein bisschen anders."

„Du spinnst doch. Es ist noch nie einer zurückgekommen von ‚nach der Geburt'. Mit der Geburt ist das Leben zu Ende. Unsere Existenz ist vorbei. Punktum."

„Na ja, das stimmt schon, dass das keiner weiß, wie das Leben nach der Geburt aussehen wird. Aber ich weiß, dass wir dann auf jeden Fall unsere Mutter sehen werden, und die wird dann für uns und alles sorgen."

„Mutter?!? Du glaubst doch wohl nicht an eine Mutter? Wo soll die denn sein?"

„Na ja, hier eben – überall um uns herum. Wir sind und leben in ihr und durch sie. Ohne unsere Mutter könnten wir gar nicht sein!"

„Quatsch! Von einer Mutter habe ich noch nie etwas mitbekommen. Also gibt es auch keine Mutter."

„Doch, ab und zu, wenn wir beide ganz still sind, können wir sie singen hören. Oder spüren, wenn sie unsere Welt sanft streichelt …"

M 5 Vom Gericht (Johanna Rahner, 2010)

Für einen frommen Israeliten ist es theologisch stimmiger, sich ein Unglück als verdiente Strafe Gottes vorzustellen, als davon ausgehen zu müssen, dass es auch nur ein einziges Ereignis in der Weltgeschichte gibt, das nichts mit Gott zu tun hätte. Gottes Handlungsfähigkeit, seine Macht, seine Geschichtsfähigkeit, sein Engagement und seine Treue werden so umfassend vorgestellt, dass nicht ohne Bezug, auch auf die dunklen Seiten des Weltgeschehens, geglaubt werden kann. […] Darin lernen Menschen mit unbegreiflichen und daher sinnlos anmutenden Katastrophen ihres Lebens zurechtzukommen, ohne in völlige Verzweiflung der Gottesferne zu stürzen. […]
Die Gerichtsbotschaft des Neuen Testaments knüpft wie so oft an die alttestamentlichen Vorgaben an. Die beiden zentralen Aspekte der alttestamentlichen Überlieferung – Gott setzt seine Gerechtigkeit durch, seinen Heilswillen zum Heil aller Menschen, und Gott nimmt den Menschen beim Wort, nimmt ihn in die Verantwortung – finden sich personal zugespitzt im Neuen Testament wieder. […] Daher sind sämtliche Motive des Gerichts im Neuen Testament grundsätzlich christologisch dimensioniert: Jesus Christus ist der Richter; der Tag Gottes im Alten Testament ist darum der Tag Christi, der Tag der Parusie [Wiederkehr] Christi. Das Gericht durch Christus ist kein anderes Gericht als das Gericht Gottes. Jesus Christus ist nicht nur derjenige, der richtet, sondern zugleich der Maßstab für das Gericht. Alles hängt am Glauben an ihn bzw. an dem Bekenntnis zu seiner Person. So haben die Worte vom Gericht eine zweifache Zielrichtung innerhalb des Neuen Testaments: Für die Glaubenden, die sich an Jesus Christus halten und ihm nachfolgen, die umkehren und mit der Gottesherrschaft ernst machen, ist das Gericht ein Grund zur Hoffnung. Für die, die den Glauben verweigern, das Bekenntnis zu Jesus als den Christus ablehnen, ist das Gericht der Anlass für Furcht und Zittern, Klagen und Weherufe, die freilich durch ihren grundlegend paränetischen Charakter [Ruf zur Umkehr] geprägt sind. […] Glaubt man ihm, dass er die Gottesherrschaft in Person ist, dass er es ist, der den Willen Gottes erfüllt, und damit Sünden vergeben kann, oder glaubt man ihm nicht? […] Und wo dieses Bekenntnis und damit die christologischen Konsequenzen verweigert werden, wird die Frohbotschaft zur Drohbotschaft, wird der Freudenbote zum Richter. […] Wer sich Jesus verweigert, verweigert sich Gott, verweigert sich dem Leben. Das bekennt das Alte Testament und bekennt das Neue Testament, freilich personal zugespitzt auf Jesus von Nazaret.

Anregungen zur Weiterarbeit

1. Stellen Sie das Gespräch M 4 mit verteilten Rollen nach. Vergleichen Sie den Unterschied zu einer eigenen Lektüre.
2. Analysieren Sie den Ablauf des Gesprächs im Mutterleib unter besonderer Beachtung der Begründungen.

Anregungen zur Weiterarbeit

1. Entwerfen Sie ein Schaubild zu M 5.
2. Beschreiben Sie den Unterschied zwischen der Gerichtsvorstellung im Alten und Neuen Testament.

M 6 Es kommt ein Tag nach allen Tagen – Psalm 126 (Johannes Hansen, 1978, vertont von Siegfried Fietz, 1979)

Es kommt ein Tag nach allen Tagen
dieser alten Erde
Tag des Herrn genannt

an dem Gott
Schluss macht
Schluss macht

mit der Macht der Mächtigen
über die Angst der Schwachen
Schluss macht
mit dem Weinen der Kinder
weil die Mutter kein Brot hat

mit dem Stöhnen der Gefolterten
und dem Sadismus ihrer Peiniger
Schluss macht
mit dem Gleichgewicht des Schreckens
und dem Verbrennen seiner guten Erde

mit der Verachtung der Wahrhaftigen
und den gemeinen Intrigen der Lügner
Schluss macht
mit der Verfolgung seiner Kinder
und den Verhören in der Nacht

Es kommt ein Tag nach allen Tagen
dieser alten Erde
Tag des Herrn genannt

Dann wird uns dankbare Freude sein
wird helles Lachen herrschen
wird an reichem Tisch gegessen
werden Menschen lallen vor Glück
werden wir sein wie die Träumenden
Jetzt schon träumen wir von diesem Land
mit wachen Sinnen in guter Hoffnung
üben wir Zukunft ein
widerstehen der Bosheit und
verkünden Sein Heil

M 7 Seh(n)sucht nach Gerechtigkeit (Johanna Rahner, 2010)

Aus dem Bewusstsein, dass jedes erlittene Unrecht auch Gott empört, wächst der Trost für die Opfer der Geschichte. Gewalt und Unrecht verschwinden nicht im Dunkel der Vergangenheit, sondern werden als solche offengelegt und als nicht sein sollend vor der Gerechtigkeit Gottes verurteilt. Gott erweist sich gegenüber den Opfern der Geschichte als der treue Gott, weil er allein das Unrecht beim Namen nennt. Darin artikuliert sich die Überzeugung, dass das Gericht als ein Hoffnungsbild seine eigentliche Spitze in der darin artikulierten Hoffnung auf *endgültige* Gerechtigkeit bestimmt. Es ist die kontrafaktische Hoffnung darauf, dass den Opfern der Geschichte am Ende Recht widerfährt, und damit verbunden auch die Hoffnung, dass am Ende nicht das Böse und damit die Täter der Geschichte das letzte Wort behalten und zur alles bestimmenden Wirklichkeit werden, sondern dass die Opfer der Geschichte als in Recht Gesetzte, als Gerettete sichtbar werden. […]
Es bleibt auch der nagende Zweifel daran, ob und wie je alles wieder gut werden kann, ob am Ende die Opfer zu ihrem ‚Recht' kommen oder nicht. Und es keimt die Hoffnung, dass es – wider alle weltliche Erfahrung – doch irgendwann einmal so sein wird. Gott erweist sich daher auch als der treue Gott gegenüber den Tätern, weil er ihre bösen Taten ernst nimmt und zugleich dafür sorgt, dass die Untaten offensichtlich werden, aber auch ihre Wirkungen zum Guten gewendet werden können. Denn er ist der Einzige, der als derjenige erhofft, geglaubt, ja beklagt wird, der am Ende aller Zeiten alles zum Guten wenden kann und wenden wird.
Die biblische Rede vom Gericht Gottes benennt genau diese Dimensionen: Weil der Rechtsbruch, menschliche Ungerechtigkeit, die böse Tat, nicht nur gemeinschaftszerstörend ist, sondern die Güte der Schöpfung beeinträchtigt, und damit das durch das Böse hervorgerufene Leid Gottes gute Schöpfung von der Wurzel her in Frage stellt, muss Gott um der Güte der Schöpfung und der Wahrung der menschlichen Gemeinschaft willen gegen diesen Rechtsbruch, die Ungerechtigkeit, das Böse vorgehen. […] In der christologischen und damit personalisierten Zuspitzung des Gerichtsmotivs im Neuen Testament wird deutlich, dass das Gericht kein von außen über den Menschen verhängtes Fremdurteil ist, sondern in letzter Konsequenz Selbstgericht, Konfrontation mit den Konsequenzen des eigenen Handelns. Freilich ist dieses Selbstgericht kein Resultat menschlicher Kraft und Leistung. Der Mensch wäre gänzlich überfordert, sich selbst das Urteil über sein Leben zusprechen zu müssen. Es ist viel mehr nur mit Gott und durch Gott möglich. Man spricht vom Selbstgericht vor dem Angesicht Gottes. […] Erst mit Blick auf Jesus Christus wird ihm klar, wer er ist und worin seine Lebensentscheidung besteht, im Wahren und im Falschen. Erst hier geht ihm endgültig auf, was vor Gott Bestand hat und was nicht. Das offenbart zugleich den Prozesscharakter des Gerichtsgedankens. Das Durchdringen der Erkenntnis ist das Gericht. Diese Erkenntnis kann für den Menschen ambivalent sein, denn sie ist beides, befreiend wie bedrückend, belastend wie entlastend, beurteilend wie freisprechend.

Anregungen zur Weiterarbeit

1. Setzen Sie die Nachdichtung M 6 des Psalms 126 mit seinem Original in Beziehung. Erörtern Sie, worauf es dem Nachdichter ankommt.
2. Setzen Sie in partnerarbeitlicher Abstimmung passende Satzzeichen in die Nachdichtung M 6 – erklären Sie, wo Sie ins Stocken kommen und warum.
3. Verfassen Sie eine Fortsetzung der Nachdichtung, beispielsweise durch weitere Strophen nach dem Refrain „Es kommt ein Tag …".
4. Setzen Sie die Nachdichtung M 6 in Beziehung zu den Ausführungen aus der Feder von Johanna Rahner M 7.

2.4 Einfach himmlisch – vom himmlischen Jerusalem

M1 Das wird ein Staunen geben (Manfred Siebald, 1979)

Das wird ein Staunen geben, ein Köpfeverdrehn,
wenn wir nach diesem Leben vor Jesus stehn,
und wenn wir, voll Hoffnung und doch beklommen,
dann endlich zu sehn bekommen,
wer von ihm verstoßen wird, wer angenommen.

Da werden wir manche finden, die wären nicht mehr zu retten
und stürben in ihren Sünden, wenn wir zu richten hätten.
Doch Gott wird auf jene sehen, die seine Vergebung wollten,
und mancher wird zu ihm gehen, auch wenn ihm die Menschen grollten.

Das wird ein Staunen geben, ein Köpfeverdrehn,
wenn wir nach diesem Leben vor Jesus stehn,
und wenn wir, voll Hoffnung und doch beklommen,
dann endlich zu sehn bekommen,
wer von ihm verstoßen wird, wer angenommen.

Und manche, die immer dachten, sie könnten mit guten Werken
sich Plätze im Himmel pachten, werden ihren Irrtum merken,
denn Gott wird nach jenen schauen, die sich ganz auf ihn verließen,
doch jenen, die sich vertrauen, wird er dann die Tür verschließen.

Das wird ein Staunen geben, ein Köpfeverdrehn,
wenn wir nach diesem Leben vor Jesus stehn,
und wenn wir, voll Hoffnung und doch beklommen,
dann endlich zu sehn bekommen,
wer von ihm verstoßen wird, wer angenommen.

Da werden wir plötzlich schweigen und nicht mehr nach andern fragen;
auf uns wird dann Jesus zeigen und uns selbst das Urteil sagen.
Auf einmal wird klein und nichtig, wie gut wir uns selber fanden,
dann ist nur das Eine wichtig: Wie wir hier zu Jesus standen.

Das wird ein Staunen geben, ein Köpfeverdrehn,
wenn wir nach diesem Leben vor Jesus stehn,
und wenn wir, voll Hoffnung und doch beklommen,
dann endlich zu sehn bekommen,
wer ihn hier verstoßen hat, wer angenommen.

M2 Umarmung (Skulptur in Erkelenz, 2013)

Anregungen zur Weiterarbeit

1. Interpretieren Sie das Lied M1 und nehmen Sie zu ihm Stellung aus der Sicht eines „guten Christen" und eines vermeintlich „schlechten Christen".
2. Zeigen Sie Konsequenzen von M1 für ein Miteinander in einer Gemeinde oder zwischen Kirchen auf.
3. Setzen Sie die Skulptur M2 wahlweise in Beziehung zu M1 oder zu M3.
4. Entwerfen Sie einen eigenen – das eschatologische Thema aufgreifenden – Titel für die Skulptur.
5. Fassen Sie den Text M3 zusammen und schlagen Sie folgende Bibelstellen nach: Offb 4.5; 1 Thess 4,17; 1. Kor 15,26.
6. Erörtern Sie, was die Autorin in M3 unter dem Himmel als „zutiefst kommuniale bzw. soziale Größe" (Z. 41 f.) versteht.
7. Nehmen Sie Stellung zur Aussage in M4, christliche Hoffnung auf den Himmel stelle eine Provokation dar (Z. 47 ff.).

M3 Vom Himmel reden (Sabine Pemsel-Maier, 2001)

„Himmel" als der Begriff der christlichen Verkündigung für menschliche Vollendung schlechthin ist kein Ort, „an" bzw. „in" den der Mensch kommt, sondern eine personale Wirklichkeit, der Zustand ewig währender Gemeinschaft mit Gott. Was nur als durch und durch dynamische Wirklichkeit gedacht werden kann, hat die theologische Tradition im Anschluss an Offb 4 und 5 mit dem recht statischen Begriff der „ewigen Gottesschau" umschrieben – und die Aussicht auf den Himmel vermutlich deswegen eher langweilig erscheinen lassen.
Sosehr die Hoffnung auf die Vollendung des Einzelnen bei Gott bereits im Alten Testament ausgesprochen wird, so sehr ist „Himmel" zugleich eine christologische Größe. Das Gehen Jesu zum Vater – und nichts anderes meint die Rede von der „Himmelfahrt" Jesu – macht deutlich, dass das „Bei-Gott-Sein" des Menschen zugleich wesentlich ein „Sein-bei-Christus" ist. Darum gipfelt die Zukunftshoffnung des Paulus in dem Satz: „Dann werden wir für immer beim Herrn sein" (1 Thess 4,17).
Wo Gott konsequent trinitarisch gedacht wird, lässt sich ohnehin keine Alternative zwischen Gott und Christus bzw. dem Geist konstruieren. Das Eingehen des Menschen in den Himmel meint unter diesem Aspekt das Mit-hineingenommen-Werden in das Leben des dreifaltigen Gottes.

Das Angenommen-Werden in die Gemeinschaft des dreifaltigen Gottes bedeutet für den Menschen nicht den Untergang seiner Individualität, sondern gerade deren Erfüllung, nicht das Aufgehen in einer wie auch immer gearteten All-Einheit, sondern Identität und Zu-sich-selber-Kommen. Denn die Nähe zu Gott bedeutet nicht Selbstentfremdung, sondern im Gegenteil die schlechthinnige Erfüllung der menschlichen Sehnsüchte und höchste Form der Selbstverwirklichung. In diesem Sinne ist „Himmel" wahrhaft ein Bild für menschliche Vollendung.
Diese persönliche Vorstellung ist kein rein individuelles Geschehen, nicht einfach nur der Dialog zwischen „Gott" und „meiner Seele", sondern schließt die ganze Menschheit ein bzw. alle diejenigen, die in die Gemeinschaft mit Gott aufgenommen sind. Himmel ist die vollendete Gemeinschaft mit Gott und den Menschen, das Einssein mit sich und mit der Welt – und damit eine zutiefst kommuniale bzw. soziale Größe.

Der Himmel ist nicht etwas von vorneherein Fertiges und Endgültiges, sondern er wird. Er wird mit jedem Geschöpf ein Stück mehr, das bei Gott ankommt. In diesem Sinne ist der Himmel jetzt und heute nicht schon vollendet, sondern eine wachsende, werdende, dynamische Größe. Der Himmel ist erst dann vollendet, wenn die ganze Schöpfung am Ende der Welt vollendet sein wird und der Himmel die ganze Erde umfasst.

M4 All is well that ends well (Johanna Rahner, 2010)

„All was well" – so lautete […] der provozierende Schlusssatz der Harry-Potter-Romanreihe. […] Joanne K. Rowling gibt in diesem Satz ein Versprechen, dass auch dort, wo Narben zurückbleiben, ihnen aber die Macht des Bösen und damit der Schmerz entzogen ist, alles gut werden kann, ja, dass sich selbst der Tod für immer bannen lässt. In Rowlings Romanreihe ist dies alles andere als eine naive Hoffnung. Kann man das Böse und am Ende den Tod wirklich besiegen? Ja! Weil – so Rowling – die Liebe jene Kraft ist, „die wunderbarer und schrecklicher ist als der Tod, als die menschliche Intelligenz, als die Kräfte der Natur". Das Böse kann nicht lieben und das besiegelt letztlich sein Schicksal. Doch auch der Tod behält nicht das letzte Wort.
„Der letzte Feind, der zerstört werden wird, ist der Tod …" – als Harry mit Hilfe Hermines auf dem Kirchhof des kleinen Dorfs Godric's Hollow das Grab seiner Eltern mit dieser Inschrift findet, versteht er den Satz nicht. („Aber sie leben nicht, dachte Harry: Sie sind nicht mehr. Die leeren Worte konnten die Tatsache nicht verhüllen, dass die vermoderten Überreste seiner Eltern unter Schnee und Stein lagen, gleichgültig, unwissend […] ihrem lebenden Sohn gegenüber …", VII 337). Freilich, Rowling hat mit diesem Satz offensichtlich eine ganz andere Ebene im Blick. Einem Time-Interview zufolge stellt das Bibelzitat aus dem Ersten Korintherbrief (15,26) für sie so etwas wie den Cantus firmus der gesamten Romanreihe dar. Und schon im ersten Band wird deutlich, dass sie mit diesem Zitat nicht einfach den biologischen Tod im Blick haben kann, sondern vielmehr der Frage nach dem Tod bis auf seine letzte Quelle, dem Bösen, nachgehen, also ihn letztlich auch in seiner ganzen ‚metaphysischen' Tiefe ausloten will. Durch alle Bände zieht sich wie ein roter Faden die Erinnerung daran, dass Harrys Mutter durch Hingabe ihres eigenen Lebens ihren Sohn vor der Ermordung durch Voldemort bewahrt hat. Im Endkampf mit Voldemort tritt Harry dieses Erbe an. Denn Harrys liebendes Selbstopfer sucht nicht mehr das eigene Überleben, sondern nur noch das Leben der anderen zu sichern. Er erneuert damit den ‚Zauber' jener Hingabe für andere, den ihm seine Mutter aus Liebe geschenkt hat. Und er überlebt. Der wahre Herr des Todes ist am Ende […] derjenige, der vor dem Tod nicht davonläuft, sondern ihn um der Liebe willen riskiert […]. Die Hoffnung auf Unsterblichkeit, auf den Himmel, erweist sich so nicht als etwas, das man für sich allein besitzen kann, sondern als der unüberbietbare Wunsch der Liebe, eine Gabe der Hoffnung für die anderen. Was also verliert der Mensch, wenn er diese Hoffnung und damit den Himmel aus dem Blick verliert? Christliche Hoffnung auf den Himmel provoziert mit der Zusage, dass sich die Lücke zwischen dem, was ist, und dem, was als Erhofftes sein könnte, nicht durch unser Zutun, sondern nur durch das leidende Tun eines ganz Anderen schließen wird. Gerade in diesem Modus der Hoffnung […] aber wahrt sie das entscheidende ‚Humanum'. Darum gilt es den Himmel um des Menschen willen offen zu halten!

M5 Jerusalem und der Tempel (Reinhard Slenczka, 2008)

Heilige Schrift und Heiliges Land gehören eng zusammen. Denn durch die Geburt des Sohnes Gottes in Bethlehem und die Erscheinung Jesu von Nazareth ist dies der Schnittpunkt für die Begegnung von Gott und Mensch und die Erneuerung ihrer Gemeinschaft. Ort und Zeit dieser Ereignisse sind an das Heilige Land mit seinem Zentrum in Jerusalem und im Tempel verbunden und bis heute daran erkennbar. Deshalb sind Sprache, Geschichte und Geographie so wichtige Elemente für ein realistisches Schriftverständnis, bei dem die Heiligen Schriften nicht nur in Traditionsstücke, Überlieferungsprozesse und individuelle Theologien aufgelöst werden. Vielmehr bezeugen diese Schriften, wie der Dreieinige Gott in Raum und Zeit gegenwärtig ist und wirkt.

Für die Letzten Dinge besteht eine unauflösliche Verbindung von Tempel, Person, Wort und Werk Jesu Christi und der von ihm geöffneten Endzeiterwartung. Den Schlüssel bildet das [...] „Zeichen des Jona" (Mt 12,39), nämlich der Tod am Kreuz und die Auferstehung am dritten Tag. In Wort und Werk Jesu Christi vollzieht sich die Gleichsetzung von Tempel und Leib Christi sowie der Übergang von der Zerstörung des Tempels zu seinem Wiederaufbau in der leiblichen Auferstehung Jesu Christi, in seiner Erhöhung und in der Erwartung seiner Wiederkunft (Joh 2,13–25). Die Ankündigung dieser Ereignisse durch Jesus ist der Grund für seine Verurteilung (Mt 26,61; 27,40; vgl. 12,6). Auf diesen Zusammenhang weist auch Mt 27,51: „*Und siehe, der Vorhang im Tempel zerriss in zwei Stücke von oben bis unten aus.*" Durch das Lebensopfer Jesu wird der nur dem Hohepriester einmal im Jahr erlaubte Zugang zum Allerheiligsten durch den Sohn Gottes geöffnet, der Hohepriester und Opfer zugleich ist (Hebr 9).

Die Ankündigung Jesu am Anfang der synoptischen Apokalypse im Anblick der imponierenden herodianischen Tempelanlage, dass „*kein Stein auf dem anderen bleiben wird*" (Mt 24,1–2; Mk 13,1–2; Lk 21,5–6), betrifft genau diesen Weg vom Kreuz zur Auferstehung und zur Wiederkunft. [...]

Die weiten Gräberfelder von Juden, Christen und Moslems am Hang des Ölbergs und am Osthang des Tempelbergs sind ebenfalls Hinweis auf die Endzeiterwartung in der Gemeinsamkeit des Ortes und in der Gegensätzlichkeit von Glaubensinhalten. Gemeinsam ist die Erwartung des Gerichtstages und das Kommen des Messias. Wo sich die Geister scheiden, das betrifft die Person des Messias und den Inhalt der Endzeiterwartung nach dem Gericht. [...]

Die Erwartung der christlichen Gemeinde [...] richtet sich ebenfalls auf Jerusalem, nicht aber auf einen Wiederaufbau des Tempels und eine Erneuerung des Opferdienstes, sondern auf das neue Jerusalem, von dem es heißt: „*Und ich sah einen neuen Himmel und eine neue Erde, denn der erste Himmel und die erste Erde sind vergangen, und das Meer ist nicht mehr. Und ich sah die heilige Stadt, das neue Jerusalem, von Gott aus dem Himmel herabkommen, bereitet wie eine geschmückte Braut für ihren Mann. Und ich hörte eine große Stimme von dem Thron her, die sprach: Siehe da, die Hütte Gottes bei den Menschen! Und er wird bei ihnen wohnen, und sie werden sein Volk sein, und er selbst, Gott mit ihnen, wird ihr Gott sein; und Gott wird abwischen alle Tränen von ihren Augen, und der Tod wird nicht mehr sein, noch Leid noch Geschrei noch Schmerz wird mehr sein; denn das Erste ist vergangen. Und der auf dem Thron saß, sprach: Siehe, ich mache alles neu!*" (Offb 21,1–5; vgl. Gal 4,21–26; 2 Peter 3,13) [...] Als christliche Gemeinde haben wir daher die Ruinen des Tempels in Jerusalem vor Augen. Doch im Glauben aus dem Wort Gottes erkennen wir, wie in Kreuz und Auferstehung Jesu Christi die Zerstörung und der Wiederaufbau des Tempels und zugleich die Aufnahme des Opferdienstes bereits geschehen ist.

In der durch die Taufe begründeten Gemeinschaft mit Christus sind wir selbst „*Tempel des Heiligen Geistes*" (1. Kor 6,12–19) mit allen Konsequenzen, die das für unseren heiligen Lebenswandel haben muss. Auf diese Weise wächst die Gemeinde durch die Zeit hin zur Vollendung in Ewigkeit: „*So seid ihr nun nicht mehr Gäste und Fremdlinge, sondern Mitbürger der Heiligen und Gottes Hausgenossen, erbaut auf den Grund der Apostel und Propheten, da Jesus Christus der Eckstein ist, auf welchem der ganze Bau ineinandergefügt wächst zu einem heiligen Tempel in dem Herrn. Durch ihn werdet auch ihr miterbaut zu einer Wohnung Gottes im Geist*" (Eph 2,19–22). So ist im Glauben bereits vollendet, was wir dereinst schauen sollen. [...]

Ausgemalt wird uns die Schau der himmlischen Herrlichkeit vor dem Thron Gottes in der Johannesoffenbarung. Aber im Unterschied zu aller apokalyptischen Phantastik muss man darauf achten, mit welcher Sorgfalt alles an das Wort Gottes gebunden und in den Gottesdienst der Irdischen und der Vollendeten eingebunden ist. Wer von der himmlischen Herrlichkeit Gottes spricht und lehrt, darf niemals vergessen, dass sie für den natürlichen Menschen nicht nur unzugänglich, sondern vernichtend ist: „*... bis zur Erscheinung unseres Herrn Jesus Christus, welche uns zeigen wird zu seiner Zeit der Selige und allein Gewaltige, der König aller Könige und Herr aller Herren, der allein Unsterblichkeit hat, der da wohnt in einem Licht, zu dem niemand kommen kann, den kein Mensch gesehen hat noch sehen kann. Dem sei Ehre und ewige Macht! Amen*" (1. Tim 6,12–16; vgl. 2. Mose 33,20; Joh 1,18; Jes 6).

Dass „*Gottes Lamm, das der Welt Sünde trägt*" (Joh 1,29), den Zugang zu Gottes Herrlichkeit und zum ewigen Leben wieder öffnet, nachdem er durch die Sünde des Menschen versperrt ist (1. Mose 3,24), ist das durchgehende Zeugnis der Heiligen Schrift. Einen anderen Weg gibt es nicht, und deshalb kann man von den Letzten Dingen ohne Kreuz und Auferstehung Jesu Christi niemals recht lehren und predigen. Andernfalls verliert man sich in leere Spekulationen, die aus menschlicher Erfahrung und aus menschlichen Hoffnungen und Sehnsüchten projiziert werden. Das sind meist Negativerfahrungen, aus denen dann versucht wird, eine positive Zukunft auszumalen.

Anregungen zur Weiterarbeit

1. Nehmen Sie Stellung zum Bezug von Heiligem Land und Heiliger Schrift in **M 5**.
2. Arbeiten Sie heraus, gegen welche alternativen Positionen sich die Autoren in **M 3** bis **M 5** wenden.

M 6 Christus in der Unterwelt (Emil Nolde, 1911)

Im Jahr 1910 begann Emil Nolde, eine Serie von Bildern religiösen Inhalts zu malen. Schließlich fasste er diese zu einem Altarwerk zusammen. Seine Schilderung des biblischen Geschehens will in diesen Werken nicht objektiv reproduzieren, sondern zielt auf eine emotionale Durchdringung der Ereignisse und Erkenntnisse. „Denn ‚Christus in der Unterwelt' ist keine Sache des Wissens, sondern des Glaubens", schrieb Emil Nolde später. Damit beschritt er, wie seine expressionistischen Zeitgenossen, den Weg zu einer Kunst, die durch Komposition und Farbgebung direkt auf die Betrachtenden wirken sollte.

Emil Nolde hat mit dem Gemälde quasi ein „begehbares Glaubensbekenntnis" geschaffen zur christologischen Passage „Hinabgestiegen in das Reich des Todes", in dem es um die sogenannte Höllenfahrt Christi geht.

Anregungen zur Weiterarbeit

1. Informieren Sie sich über die „Höllenfahrt Christi" und über die Formulierung aus dem Glaubensbekenntnis „Hinabgestiegen in das Reich des Todes".
2. Beschreiben Sie, wie Jesus auf dem Gemälde M 6 aussieht (Farbgestaltung, Formgebung, Position, Wirkung des Lichts usw.).
3. Analysieren Sie die beiden Personen rechts und links von Jesus Christus.
4. Erläutern Sie, wie sich die beabsichtigte expressionistische Wirkung in der Gestaltung des Raums widerspiegelt. Beurteilen Sie anschließend die Figuren im Vordergrund.
5. Ein Jugendlicher gab dem Bild M 6 den Titel „Jesus relaxed in der Hölle". Nehmen Sie Stellung dazu. Stellen Sie Vor- und Nachteile dieses Titels in Beziehung zu Ihren Beobachtungen zum Bild.

3 Hoffnung

3.1 Endlich hoffnungsvoll leben

M1 Ort der Begegnung am Friedhof (2013)

Der Gang zum Friedhof gehört nicht nur für ältere Menschen zur Erinnerung an einen verstorbenen Menschen häufig dazu. Allerdings sind sie mit ihren Gedanken und Gefühlen auch danach nicht selten alleine. Eine Möglichkeit zur Begegnung wurde am Rande eines Friedhofs am Niederrhein geschaffen: Hier hat man die Gelegenheit, nach dem – nicht immer nur leichten – Gang über den Friedhof anderen Menschen zu begegnen, wenn man möchte. Dabei wird auch die Möglichkeit geboten, bei Kaffee und Kuchen oder einfach nur so ins Gespräch zu kommen oder Gesellschaftsspiele zu spielen. So kann deutlich werden, dass der Tod zum Leben dazugehört, der Tod aber nicht dem Leben gehört.

M2 Es lebe der Friedhof? (2013)

M3 Verändert? (Thomas Klie, 2008)

Schon seit längerem schwindet das Bewusstsein vom Öffentlichkeitscharakter des Todes. Das zunehmende Diskretionsbedürfnis verändert die tradierte Sepulkral-Kultur. Werden aber zugängliche Grabstellen, öffentliche Feiern und identifizierbare Inschriften nicht mehr gewollt, dann büßt der Todesfall mehr und mehr seinen Zeichencharakter ein. Als Gegenbewegung dazu etabliert sich ein gesteigertes Inszenierungsbedürfnis. Durch den Verlust des kirchlichen Riten-Monopols kommen mehr und mehr popkulturelle Deutungen des Ablebens zur Darstellung. Die Medien verstärken spürbar das Interesse an alternativen Bestattungsformen. Neue Orte abseits der Friedhöfe entstehen, wie etwa Friedwälder oder Kolumbarien. Der Friedhofszwang lockert sich, Urnen werden zur „Mobilie". Im Internet bildet sich eine alternative Form mediatisierter Trauer.

Anregungen zur Weiterarbeit

1. Vergleichen Sie M 1 und M 3 im Blick auf die Frage, was sich konkret verändert hat. Stellen Sie Vermutungen bezüglich der Ursachen für die Veränderungen an.
2. Stellen Sie sich vor, Sie würden bei dem „Ort der Begegnung" M 1 ein Praktikum oder FSJ machen. Formulieren Sie, welche bisherigen Einsichten zur Eschatologie Ihnen während dieser Zeit zu Hilfe kommen könnten.
3. Recherchieren Sie zur Kampagne M 2. Gestalten Sie anschließend ein Einladungsplakat oder entwerfen Sie einen Artikel für einen Gemeindebrief.

M 4 Nimmst du mich noch einmal an? (Manfred Siebald, 2005)

Nimmst Du mich noch einmal an?
Herr, ich hab so viel getan
gegen Deinen Willen, gegen Deinen Rat.
Hat Deine Liebe nicht vielleicht
ihre Grenzen jetzt erreicht
und Du kannst nicht mehr verzeihen, was ich tat?

Ging ich auch zuerst nur kleine Schritte fort von Dir, so spür
ich doch zwischen uns jetzt die Unendlichkeit.
Und um jede Stunde ohne Dich, alle Tage fern von Dir,
alle eignen Wege tut es mir heut leid.

Nimmst Du mich noch einmal an?
Ob es wieder werden kann,
so wie damals, als ich nahe bei Dir war?
Was ich damals von mir stieß,
als ich Deine Hand verließ,
wird mir erst aus meiner Ferne richtig klar.

Du sollst wieder meine erste Freude früh am Morgen sein
und der letzte Gedanke vor der Nacht.
Und wenn einer von Dir Gutes sagt, will ich mich wieder
freun,
und es soll mir weh tun wenn man Dich verlacht.

Nimmst Du mich noch einmal an?
Herr, ich halte mich daran:
Ich darf kommen und Du stößt mich nicht hinaus.
Meine Flucht ist nun vorbei,
ich gehör Dir wieder neu.
Es ist gut bei Dir zu sein, bei Dir zu Haus.

Alles Große kommt aus der inneren Stille.

... zu unserer Kapelle →

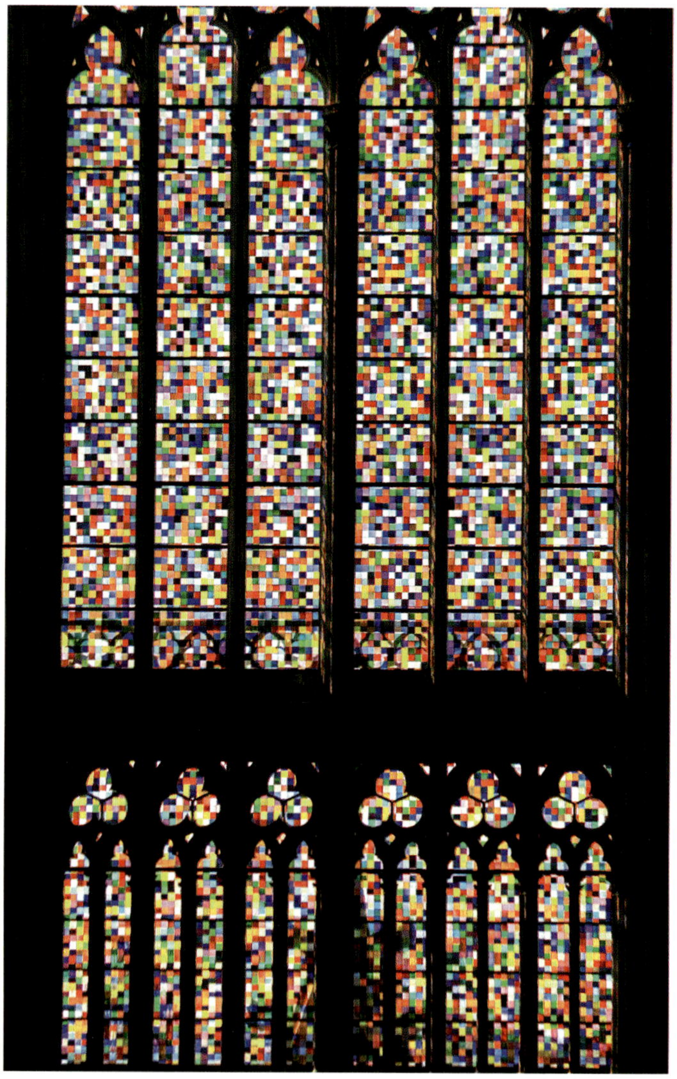

Anregungen zur Weiterarbeit

1. Setzen Sie sich mit den im Text M 4 aufgeworfenen Fragen und dort gegebenen Antworten auseinander.
2. Setzen Sie Bilder und Text zueinander in Beziehung. Bei welchem Bild fällt Ihnen dies leicht, bei welchem weniger?
3. Analysieren Sie, inwiefern „Hoffnungsvoll leben" und die Gewissheit der Annahme zusammenhängen.

M5 Das Eismeer oder Die gescheiterte Hoffnung (Caspar David Friedrich, um 1823/24)

Vermutlich hat sich Walter Gropius (1883–1969), Architekt und Begründer des Bauhaus-Stils, bei seinem „Denkmal der Märzgefallenen" (1922) direkt an das Gemälde von Caspar David Friedrich angelehnt. Angelegt wurde die Skulptur auf dem Weimaraner „Historischen Friedhof". Es sollte an die Menschen erinnern, die bei der Niederschlagung des rechtsradikalen Kapp-Putsches am 15. März 1920 umgekommen waren. Im Februar 1936 wurde das Denkmal aus Beton als sogenannte „Entartete Kunst" von Nationalsozialisten zerstört.

In diesem expressionistischen Kunstwerk wirken Formgebung und Formation so zusammen, dass zugleich Scheitern und Niederlage zum Ausdruck kommen. Die Wirkung der Widersprüchlichkeit von Aufstreben und Entgleiten könnte durch eine Farbgebung verstärkt werden.

Caspar David Friedrich, Das Eismeer oder Die gescheiterte Hoffnung, um 1823/24

Walter Gropius, Denkmal der Märzgefallenen, 1922, Weimar

Anregungen zur Weiterarbeit

1. Informieren Sie sich über den historischen Hintergrund sowohl des Denkmals von Walter Gropius als auch des Gemäldes von Caspar David Friedrich.
2. Zeichnen Sie das Denkmal möglichst genau ab und verleihen Sie ihm einen passenden Farbanstrich, indem Sie ihm ganz neue Farben mit Symbolkraft geben und evtl. neue Symbole und Gegenstände aus der christlichen Tradition (Ikonografie) zufügen. Leitend sollte dabei eine „geglückte Hoffnung" sein. Geben Sie anschließend (!) Ihrem eigenen Bild einen passenden Titel.

M6 Geboren, um zu sterben – gestorben, um zu leben

Manchmal findet man in Todesanzeigen neben dem Geburtsdatum des Toten die Angabe „geboren, um zu sterben" und neben dem Todestag „gestorben, um zu leben". Hiermit bringt man auf den Punkt, was Christen bekennen: Jeder Mensch muss auf jeden Fall sterben, am Ende steht ausnahmslos der Tod. Punkt. Und dann kommt der Doppelpunkt: Christen vertrauen darauf, dass es ein ewiges Leben in Gottes Gegenwart geben wird. Christen glauben an die Auferstehung der Toten. Aber das bedeutet nicht die Verleugnung des Todes, sondern durchaus, den Tod in den Blick und ihn anzunehmen. Man könnte auch so sagen: endlich leben – im doppelten Sinne des Wortes …

M7 Was hat Jesus gegen den Feigenbaum (Georg Magirius, 2013)

Am nächsten Tag, als sie von Betanien weggingen, hungerte ihn. Und er sah einen Feigenbaum von ferne, der Blätter hatte, da ging er hin, ob er etwas darauf fände. Und als er zu ihm kam, fand er nichts als Blätter; denn es war nicht die Zeit für Feigen. Da fing Jesus an und sprach zu ihm: Nun esse niemand mehr eine Frucht von dir in Ewigkeit! Und seine Jünger hörten das. (Markus 11)

Franz von Assisi sprach mit Pflanzen und Tieren. Auch Jesus spricht mit einem Baum, allerdings nicht freundlich. Jesus, der Hunger hat, beschimpft ihn, weil er an ihm keine Feigen findet. Noch merkwürdiger: Es geschieht zu einer Jahreszeit, da Feigenbäume gewöhnlich keine Früchte bringen. Was tut Jesus dann? Geht in den Tempel, stößt Tische um, wirft die Händler raus. Und weiter? Er beschimpft Theologen und Priester. Wo endet das? In der Therapie, würde man heute vermuten. Fraglich ist nur, ob die Jünger rasch einen Platz finden.
Bevor eine Psychotherapie beginnen kann, muss man oft lange warten, selbst wenn Wutausbrüche wiederholt auftreten. Ob Jesus einer Therapie zustimmt? Falls er sich weigert, wird er wohl in eine Klinik eingeliefert werden müssen, da er nicht nur sich, sondern auch andere, etwa Bäume, gefährdet. Ein Feigenbaum ist bereits verdorrt. „Adresse?", wird der Wanderer bei der Aufnahme gefragt. „Meines Vaters Haus", antwortet Jesus. Statt sich über Krankheitsbilder Gedanken zu machen, lässt sich aber auch Jesu Begründung für sein Verhalten lauschen: „Habt Glauben an Gott", sagt er. Glaube – das bedeutet im Markusevangelium, in aussichtsloser Lage an einer Aussicht festzuhalten. Unmögliches wird möglich. Selbst Berge könne der versetzen, der nicht zweifelt. Oder die vermeintlich ewig währende Geschäftstüchtigkeit beenden – und Gottes Stimme wird im Gotteshaus hörbar. Auch Frucht bringen lässt sich wider alle Regel. Solchen Glaube kann man verrückt nennen oder auf extremistische Weise hoffnungsvoll. Mit ihm ist es sogar möglich, zu jeder Zeit frische Feigen zu ernten, damit Hungrige nicht hungrig bleiben. Dass dies Jesus selbst nicht immer gelang und er deshalb manchmal verzweifelte, kann durchaus sympathisch wirken.

M8 Und sollte morgen die Welt untergehn (Manfred Siebald, 1985)

Und sollte morgen die Welt untergehn –
ich pflanzte heute noch ein Bäumchen ein,
bezahlte Schulden, da wo sie bestehn,
und wollt mit Gott und Welt im Reinen sein.

Solange mir noch Atem bleibt,
will ich mich nicht zur Ruhe legen,
mich mühen, dass das Bäumchen treibt
und Gottes gute Schöpfung pflegen.

Noch habe ich Gelegenheit,
mit meinen Worten, meinen Taten
die Liebe und Gerechtigkeit,
dich ich noch schulde, zu erstatten.

Ich wage nicht, mich vor der Zeit
aus Gottes Arbeit fortzustehlen.
Wer sich auf Gottes Himmel freut,
darf nicht auf seiner Erde fehlen.

Was ich hier tu, genügt noch nicht;
erst Jesus wird die Welt verwandeln.
Doch bis sein großer Tag anbricht,
soll ich in seinem Namen handeln.

Anregungen zur Weiterarbeit

1. Erörtern Sie, inwiefern M 6 und M 7 zur Kapitelüberschrift „Endlich hoffnungsvoll leben" passen.
2. Erläutern Sie den Schlusssatz von M 7.
3. Nehmen Sie Stellung zur Frage, ob das Apfelbäumchen-Zitat M 9 eine genuin christliche Lebenseinstellung bzw. christliche Daseinsumschreibung widerspiegelt.
4. Arbeiten Sie Parallelen und Unterschiede des Bonhoeffer-Zitats M 10 zur Apfelbäumchen-Redewendung M 9 heraus.
5. Suchen Sie nach einem aktualisierten Vergleich aus den heutigen Lebenswelten junger Menschen, der inhaltlich dem Apfelbäumchen-Zitat entspricht und allgemein verständlich ist.

M9 Eine Liedergeschichte (Manfred Siebald, 2013)

Ich hatte immer gehört, er sei ein Luther-Zitat, dieser kleine Satz: „Und sollte morgen die Welt untergehn, so wollte ich heute noch ein Apfelbäumchen pflanzen und meine Schulden bezahlen." Meist wurde der letzte Teil auch weggelassen, und es blieb bei dem eindrücklichen Bild des Apfelbäumchens, das man angesichts des drohenden Weltuntergangs noch pflanzt. Ein Bild der Hoffnung wider alle persönliche Resignation, allen Kulturpessimismus, alle Politikverdrossenheit und alle trüben ökologischen Aussichten, die einen in unseren Tagen belasten mögen.
Mir gefiel dieses gegenständliche Bild und die „Jetzt-gerade-nicht-aufgeben"-Haltung, und so war ich 1984 einer der vielen Schreiber, die sich des Satzes bedienten. Auch Kollege Reinhard Mey veröffentlichte 1986 ein schönes Lied, in dem er eines seiner Kinder als „das Apfelbäumchen, das ich pflanz" bezeichnete. Das war sicher ein Ausdruck seiner persönlichen Hoffnung und bestimmt eine Herausforderung für die vielen Zeitgenossen, die im Blick auf die ungewisse Zukunft meinten, es sei unverantwortlich, „noch Kinder in die Welt zu setzen". (Ich selbst bin froh, dass meine Eltern, mit dem Zweiten Weltkrieg in den Knochen, den Mut und die Zuversicht hatten, mich in die Welt zu setzen.)
Aber wir alle saßen, wenn wir diesen Satz Luther zuschrieben, einem Irrtum auf. Woher ich das weiß? Der Theologe Martin Schloemann hat sich von 1975 an mit der Geschichte dieses Zitats beschäftigt und 1994 ein sehr gescheites Buch darüber verfasst: Luthers Apfelbäumchen? Ein Kapitel deutscher Mentalitätsgeschichte seit dem Zweiten Weltkrieg. Darin untersucht er die Herkunft des Luther zugeschriebenen Satzes und seine unterschiedlichen Verwendungen in Reden, Texten und Liedern, und er kommt zu dem wissenschaftlich untermauerten Schluss: Der Satz lässt sich bei Luther nirgends finden. Aller Wahrscheinlichkeit nach ist er vielmehr ein Trostwort aus der Zeit des Zweiten Weltkriegs und wurde wohl zum ersten Mal 1946 gedruckt. […] In dem Bild des Pflanzens habe ich mich, abgesehen von dem Zitat, natürlich auch auf Gottes Versprechen an Noah bezogen: „Solange die Erde steht, soll nicht aufhören Saat und Ernte, Frost und Hitze, Sommer und Winter, Tag und Nacht" (1. Mose 8,22). Darauf kann man sich nicht nur verlassen, sondern das beinhaltet auch eine Arbeitsanweisung für uns Menschen. „Schulden bezahlen" will ich in meinem Text übrigens auch noch gern – nicht nur im Sinne der Rückzahlung von Krediten, sondern im Sinne dessen, was ich anderen schuldig geblieben bin. Das anglikanische Book of Common Prayer spricht beim Sündenbekenntnis nicht nur von den Schulden, die man durch falsches Handeln auf sich geladen hat, sondern auch von denen, die von unterlassenen Taten herrühren: „We have offended against thy holy laws. We have left undone those things which we ought not to have done" („Wir haben gegen deine heiligen Gesetze verstoßen. Wir haben jene Dinge getan, die wir nicht hätten tun sollen und haben jene Dinge nicht getan, die wir hätten tun sollen"). Schuldig geblieben bin ich in meinem Leben sicher einiges an Liebe und Gerechtigkeit – die ja so oft miteinander in Konflikt kommen –, und bis Jesus Christus einen neuen Himmel und eine neue Erde bringt, bleibt einiges für mich zu tun. In den Worten seines Gleichnisses von den anvertrauten Pfunden: „Handelt damit, bis ich wiederkomme" (Lk 19,13).

M10 Mag sein … (Dietrich Bonhoeffer, 1942/43)

Mag sein,
dass der jüngste Tag morgen anbricht,
dann wollen wir gern die Arbeit für eine bessere Zukunft
aus der Hand legen,
vorher aber nicht.

3.2 Reich Gottes – wo Gott das Sagen hat

M1 Enzyklika Lumen fidei („Licht des Glaubens") von Papst Franziskus (2013)

In Einheit mit dem Glauben und der Liebe leitet uns die Hoffnung in eine sichere Zukunft, die sich von den trügerischen Angeboten der Götzen der Welt deutlich unterscheidet, aber dem täglichen Leben neuen Schwung und neue Kraft verleiht. Lassen wir uns nicht die Hoffnung stehlen; lassen wir nicht zu, dass sie vereitelt wird durch unmittelbare Lösungen und Angebote, die uns auf dem Weg aufhalten, die Zeit „aufsplittern" und in Raum umwandeln. Die Zeit steht immer über dem Raum. Der Raum lässt die Vorgänge erstarren, die Zeit hingegen führt sie in die Zukunft und drängt, voll Hoffnung voranzugehen.

M2 Hoffnung für die kalte Erde (Steininstallation, 2013)

M3 Dieses Kreuz ist ein Denk-mal (1788–2013)

Dieses Kreuz (in Isengraben bei Wegberg) wurde im Jahr 1788 von einem Ehepaar gestiftet als Stationskreuz für Pilger. Statt einer Christus- oder Marienfigur ist es geprägt von Symbolen: Herz, Siegeskranz, durchbohrte Hände, durchbohrte Füße …

Anregungen zur Weiterarbeit

1. Arbeiten Sie heraus, welcher Aspekt der Aussagen von Papst Franziskus sich Ihrer Meinung nach in M 2 bis M 4 besonders deutlich widerspiegelt.
2. Schlagen Sie die Bibeltextstellen aus M 5 nach und analysieren Sie, inwiefern der Satz „Die eschatologische Hoffnung des christlichen Glaubens richtet sich auf eine Zukunft, in der die Spannung zwischen Freiheit und Gleichheit, zwischen Leistung und Bedürfnis überwunden ist." (Z. 2–6) eine Kernaussage von M 5 darstellt; formulieren Sie mögliche Konsequenzen dieser Kernaussage.

M4 Weltveränderung – Weltverformung

M5 Gerechtigkeit hat Zukunft (Wolfgang Huber, 2006)

Christliche Eschatologie kann den Tendenzen zu einseitigen Gerechtigkeitstheorien entgegenwirken. Denn die eschatologische Hoffnung des christlichen Glaubens richtet sich auf eine Zukunft, in der die Spannung zwischen Freiheit und Gleichheit, zwischen Leistung und Bedürfnis überwunden ist. Eschatologische Visionen thematisieren eine Verheißung, in der die Individualität alles Seienden sich entfaltet und zugleich eine umfassende Gemeinschaft auf der Basis vollständiger Gleichheit herrscht. So eröffnen sie ein Verständnis von Geschichte, in welchem menschliches Handeln als Antwort auf die Gegenwart von Gottes befreiendem und versöhnendem Geist aufgefasst wird.

Die biblischen Bilder einer Zukunft, in der Frieden und Gerechtigkeit sich küssen (Ps 85,11), in der die Wölfe bei den Lämmern und die Panther bei den Böcken wohnen (Jes 11,6), in der die Schwerter zu Pflugscharen und die Speere zu Winzermessern umgeschmiedet werden (Jes 2,4; Mi 4,2), stellen die erhoffte Form eines solchen Zusammenlebens vor Augen. Bemerkenswerterweise sind solche Visionen nicht auf das Zusammenleben der Menschen begrenzt, sondern umfassen die Schöpfung in ihrer Fülle (Jes 11,1–16). Der eschatologische Charakter umfassender Gerechtigkeit erklärt, warum das Alte Testament oft Gott und die Gerechtigkeit miteinander gleichsetzt (Jes 30,18; Jer 23,6; Ps 36,6).
Diese eschatologische Orientierung setzt sich im Neuen Testament fort. Die Bergpredigt Jesu bringt die geschichtliche Dynamik der eschatologischen Gerechtigkeit zur Sprache. Die „Gerechtigkeit des Reiches Gottes" (Mt 6,33) bildet die Kraft, die Menschen dazu befähigt, Situationen von Hass und Ungerechtigkeit in Beziehungen der Liebe und der Gemeinschaft zu verwandeln (Mt 5,38–48). […]

Keine historische Sozietät – sei sie Kirche oder Staat – kann die vollkommene Gerechtigkeit ungeschmälert verwirklichen; diese bleibt ein Gegenstand der Hoffnung. Der Prozess der Geschichte lässt sich charakterisieren als die Suche nach vorläufigen, unvollständigen und verbesserungsfähigen Formen der Gerechtigkeit, als Suche also nach Gleichnissen der vollkommenen Gerechtigkeit, die als solche immer noch aussteht. Geschichtliches Handeln, das sich an der Verwirklichung solcher Gleichnisse orientiert, ist immer darauf aus, die Spannung zwischen Freiheit und Gleichheit zu vermindern; keine historische Epoche, keine Kultur, kein politisches Programm kann für sich in Anspruch nehmen, dafür eine endgültige Lösung gefunden und verwirklicht zu haben.
Gerade die Einsicht in die Vorläufigkeit aller geschichtlichen Lösungen erschließt den tiefsten Sinn der vorrangigen Option, die sich in einer erstaunlichen Einmütigkeit aus den verschiedenen Modellen ergibt, in denen die biblischen Traditionen von der Gerechtigkeit reden. Denn gerade die Gebrochenheit und Vorläufigkeit aller geschichtlichen Ordnungen veranlasst dazu, diese Ordnungen unter einer vorrangigen Option für diejenigen zu betrachten, die unter konkreten Formen von Ungerechtigkeit zu leiden haben, denen also effektive Gleichheit und wirksame Freiheit fehlen. Die in all diesen Modellen einheitlich bezeugte Parteilichkeit Gottes für die Unterdrückten verdeutlicht in einer sehr spezifischen Weise den dynamischen Charakter, der dem biblischen Verständnis der Gerechtigkeit eignet.

M6 Keine Eschatologie ohne Reich-Gottes-Ethik? (Jürgen Werbick, 2012)

Wer auch diese Verantwortung abgeben wollte, hätte sein Gottes-Zutrauen missbraucht, hätte auf Gott abgeschoben, wozu der Mensch berufen und in dieser Welt verpflichtet ist. Er würde der Christentumskritik Recht geben, die ja immer schon wusste, dass der Jenseitsglaube die „Treue zur Erde" aufkündigt. Das aber wäre ganz unbiblisch, ganz unchristlich gedacht und geglaubt. Gottes Herrschaft will jetzt anfangen und das Angesicht der Welt von Grund auf verändern; will jetzt anfangen und nicht aufhören anzufangen, in Gott hinein anzufangen.
Dieser Anfang geschieht, wo Menschen an Gottes gutem Willen teilnehmen und mit ihm das Zukunftsfähige wollen, es aus dem guten Geist – soweit das an ihnen liegt – selbst anfangen.
Keine Eschatologie ohne eine Reich-Gottes-Ethik, in der das Gut-Werden in die Mit-Verantwortung der Menschen gegeben wird. Der eschatologisch vollendende Gott will das Gut-Werden nicht ohne die Menschen wirken, nicht über sie hinweg und an ihnen vorbei. So würdigt er die Menschen als sein Bild, als Geschöpfe, denen das Vollendende nicht nur von außen „übergestülpt" wird. Es ergreift sie zuinnerst – im Heiligen Geist, der ihnen ermöglicht, es mitzuwollen und mitzuwirken.
Mitwirken können sie nur, wenn sie eben doch einigermaßen ermessen können, wie es gut wird. Die „negativ-theologische Eschatologie" des Sich-Gott-Anvertrauens darf nicht ohne die konkrete Eschatologie einer handlungsbestimmenden und Handlungsperspektiven eröffnenden Hoffnung auf Vollendung bleiben, ohne die Konkretion eines eschatologisch Guten, auf das hin die Welt gut werden soll, auf die hin sie jetzt anfangen soll, besser zu werden. Das Zutrauen, dass es für mich und für alle gut wird, bleibt nicht lebendig ohne die Glaubens-Entschiedenheit, diesem Gutwerden mit dem eigenen Leben jetzt schon zu dienen, ihm zu dienen im Einsatz für all jene, denen es offensichtlich jetzt nicht zugute kommt. Die Hoffnung auf das eschatologische Gutwerden

will bezeugt werden in der Reich-Gottes-Praxis, die sich vom Anfangen der Gottesherrschaft hier und jetzt ergreifen und verpflichten lässt.
In diesem Sinne ist christliche Eschatologie die Glaubens-Theorie einer Hoffnung für diese Welt – im Dienst einer Glaubens-Praxis, die aus Gott und auf ihn hin dem Gutwerden dieser Welt dienen will. In diesem Sinne ist christliche Eschatologie „kosmische" Eschatologie, eine Eschatologie der Mitverantwortung für das Gute, das Gott in und an der Welt Wirklichkeit werden lässt. Wenn aber kosmische Eschatologie als Eschatologie der Mitverantwortung zu verstehen ist, so muss sie den Mitverantwortlichen die Kriterien vor Augen stellen, von denen sie in die Pflicht genommen sind. Sie können eschatologisch nur vom Vollendungshandeln Gottes selbst hergeleitet sein, dem die Glaubenden sich anvertrauen und das sie doch so weit zu verstehen versuchen, dass sie sich ihm in ihrer eigenen Reich-Gottes-Praxis verpflichtet wissen können. [...] Eschatologisch mitverantwortlich kann der Mensch nur werden, wenn sich der Horizont des Gutwerdens, in den hinein er seine Mitverantwortung wahrnimmt, seiner Vernunft erschlossen hat. Wo es dazu nicht kommt, handelt, glaubt und hofft er nicht verantwortlich; nimmt er seine „Mit-Verantwortung" für das Gutwerden der Schöpfung auf unverantwortliche Weise wahr. Gott aber würdigt die Menschen einer als solcher wahrgenommenen Mit-Verantwortung: Nicht mehr nur Knechte sind sie, die nur Befehle auszuführen hätten; zu Freunden und „Mit-Verstehern" dessen sind sie berufen, der ihnen in Leben und Wort Gott und seinen guten Willen gültig „exegesiert" (vgl. Joh 15,15 in Verbindung mit 1,17). Gott würdigt die Menschen solcher Mitverantwortung; er würdigt sie als Subjekte, denen nicht nur passiv geschieht, was sie sind und sein sollen und sein werden. Ihnen soll das Gutwerden so geschehen, dass sie ihr Gutwerden als solches verstehen und mitverantworten können; dass sie freilich jenseits all dessen, was sie mitverantworten können, in ein Gutsein hinein „erweckt" werden, welches sie als ihr Gutsein wiedererkennen.
So würdigt sie der göttliche Vollender. Und er will selbst hier und jetzt gewürdigt werden durch die Würdigung der Menschen als Subjekte, denen kein Dasein auferlegt wird, das sie entwürdigt. Er will gewürdigt werden durch die Verpflichtung auf eine Gerechtigkeit, die niemand vorenthält, was er zu einem menschlichen Leben nötig hat, und niemand zum bloßen Objekt fremder Verfügungsgewalt macht.
Würdigung und Gerechtigkeit markieren das Gegenwärtigwerden der Gottesherrschaft. Dafür sind die Glaubenden, die auf die heilsam-vollendende Zukunft der Gottesherrschaft setzen, jetzt schon vernünftigerweise in Dienst genommen. Würdigung und Gerechtigkeit im Sinne eines schöpferisch vollendenden Gerechtwerdens, das wird Gottes Handeln kennzeichnen, mit dem er alles gut macht, so gut, dass es besser nicht sein könnte.
Wie sein Handeln alles gut machen kann, wie es die Opfer würdigt und Gerechtigkeit aufrichtet zwischen Gedemütigten und Peinigern, wie Gottes Vollendungshandeln hinausführen kann über den Zynismus des Fressens und Gefressenwerdens, wie es würdigen kann, ohne die Gewürdigten zuletzt doch noch zur Last einer unerträglich in sich selbst verkrümmten Identität zu verurteilen, das überschreitet alles menschliche Verstehen dann aber doch unendlich. [...]

M 7 Zwei Wege (am Kloster Loccum, 2010)

M 8 Weltzeit und Endzeit (Reinhard Slenczka, 2008)

Wenn die Endzeit nicht mehr als Tat Gottes und in der Erwartung der persönlichen Wiederkunft Christi aufgefasst wird, kann die Verkündigung sich nur noch um das Befinden von Menschen in dieser Weltzeit drehen. Die Wohlstandsgesellschaft und ihre Bewahrung durch menschliches Handeln tritt an die Stelle des kommenden Reiches Gottes mit der endzeitlichen Scheidung. Der Inhalt des Wortes Gottes ist hier nicht nur aufgehoben, sondern geradezu ins Gegenteil verdreht. Vom Evangelium als der frohen Botschaft zur Rettung aus dem kommenden Gericht durch den Glauben an Jesus Christus, ist hier mit keinem Wort die Rede. Alles wird zurückgenommen auf eine Bewusstseinsstärkung im Bemühen um die Erhaltung dieser Welt. Eine solche Verkündigung ist deshalb als unchristlich zu bezeichnen, weil sie das Werk Christi durch die Werke der Christen ersetzt.

Anregungen zur Weiterarbeit

1. Fassen Sie Ihr Textverständnis von M 6 in einen grafischen Konspekt (S. 76, Methodenseite).
2. Vergleichen Sie die von Ihnen aus M 6 herausgearbeitete Kernaussage und deren Konsequenz(en) mit M 5 unter besonderer Berücksichtigung der dortigen Bibelstellen sowie mit Blick auf M 8.
3. Nehmen Sie Stellung dazu, welcher Text (M 5 / M 6) am ehesten zu M 7 passt. Begründen Sie Ihre Entscheidung schriftlich und erörtern Sie diese in Partnerarbeit mit Ihrem Tischnachbarn/Ihrer Tischnachbarin.
4. Erörtern Sie, wovor M 8 grundsätzlich und mit welchen Argumenten warnt.

M9 Die Theologie der Hoffnung (Interview von Radio Vatikan mit dem 80-jährigen Jürgen Moltmann, 2006)

Prof. Dr. Jürgen Moltmann wurde am 8. April 1926 als Sohn eines Studienrates in Hamburg geboren. Er studierte evangelische Theologie in England und nach seiner Rückkehr nach Deutschland in Göttingen. Von 1952 bis 1958 arbeitete er als Pfarrer und Studentenpfarrer in Bremen. Dann war er fast 30 Jahre lang Professor für Systematische Theologie an der Universität Tübingen. Von Moltmanns zahlreichen Veröffentlichungen fand u.a. sein mehrfach aufgelegtes und in acht Sprachen übersetztes Werk „Theologie der Hoffnung. Begründung und Konsequenzen christlicher Eschatologie" weltweite Beachtung. Moltmann versucht darin, das Bloch-Werk „Das Prinzip Hoffnung" für seine eigene Reich-Gottes-Theologie fruchtbar zu machen.
Professor Jürgen Moltmann ist seit 1952 mit der Theologin Dr. Elisabeth Moltmann-Wendel verheiratet und hat vier Töchter. Zum Glauben kam der bedeutende Kirchenmann durch seine Erlebnisse im 2. Weltkrieg.

Die Eschatologie ist in Ihren Werken das beherrschende Thema. Ein ebenso schwieriger wie geheimnisvoller Begriff: Können Sie ihn hier in wenigen Worten erläutern?
Für mich ist Eschatologie die Erwartung des Kommens Gottes in dieser Welt zur Aufrichtung seines Reiches und seines Gerichtes und der Vollendung aller Sehnsüchte und Wünsche der Menschheit. Es ist nicht die negative Erwartung des Endes, sondern es ist die positive Erwartung der Vollendung alles dessen, was wir hier auf fragmentarische Weise von Gott erfahren und erbitten.

Sie haben die Eschatologie zum Mittelpunkt Ihres theologischen Programms gewählt: Für Sie bedeutet Eschatologie offenbar vor allem Hoffnung. Sie sind sozusagen der Erfinder der Theologie der Hoffnung. Worin liegt der Kernpunkt dieses Gedankenwerkes?
Die christliche Hoffnung ist eingespannt zwischen der Erinnerung der Auferstehung Christi von den Toten und der Erwartung der zukünftigen neuen Welt. Das Symbol der Hoffnung ist auf der einen Seite der Horizont. Der Horizont der Erwartung des Lebens wird hell, wenn wir von der Auferstehung sprechen. Auf der anderen Seite ist das Symbol der Hoffnung die Geburt. Wenn eine Frau ein Kind erwartet, sagen wir: „Sie ist guter Hoffnung". Die Wiedergeburt des Lebens und die Auferstehung vom Tode, das sind die Begriffe der Theologie der Hoffnung.

Für die meisten Menschen ist es schwierig, sich das Jüngste Gericht und die Auferstehung der Toten vorzustellen. Was geschieht nach dem Tod, wo bleibt der Mensch nach seinem Tod bis zum sogenannten Jüngsten Gericht? Fragen, die nicht leicht zu beantworten sind …
Wir sprechen heute von der Auferstehung im Tode, sodass man nicht an eine Zeit zwischen unserem Tod und der allgemeinen Toten-Auferstehung sprechen sollte. Diese Auferstehung im Tod wird durch das Wort Christi am Kreuz schon deutlicher: Er sagt zu dem, der neben ihm stirbt: Heute wirst du mit mir im Paradiese sein. Nicht in drei Tagen, nicht am Ende der Welt, sondern heute. Und deshalb spreche ich davon, dass wir unmittelbar nach dem Tod auferweckt werden und durch die Aufrichtung des Gerichtes in das Ewige Leben kommen. Diese Lehre von der Auferstehung im Tode kommt eigentlich von Luther, wird aber heute von vielen katholischen Theologen, wie zum Beispiel von Karl Rahner, geteilt, sodass wir nicht fragen sollten: Wie lange dauert die Nacht von unserem Tode bis zum Jüngsten Tag, denn der Jüngste Tag tritt unmittelbar nach dem Tod ein.

Bis zu Ihrer Erfindung der Theologie der Hoffnung war die Eschatologie ausschließlich ins Jenseits ausgerichtet. Sie haben versucht, sie in die Diesseitigkeit zu transportieren. Sehe ich das richtig? Welche Konsequenzen zeigen sich da auf?
Die Hoffnung ist eine Kraft im Diesseits, um das Leben neu anzufangen, um wiedergeboren zu werden zu einer Lebensbejahung aus tiefer Depression. Und die Hoffnung ist zugleich ein Trost im Jenseits, über den Tod hinaus. Dies sind keine Widersprüche. Je mehr Kraft uns die Hoffnung im Diesseits gibt, umso mehr Trost gibt sie uns auch auf das Jenseits.

Der Mensch kann sich die zeitliche Unendlichkeit ebenso wenig vorstellen wie die räumliche oder dimensionale Unendlichkeit. Kann der Mensch diese Dinge mit seiner begrenzten Erkenntniskraft überhaupt erfassen? Was ist Zeit, was Ewigkeit?
Zeit ist für mich die Verheißung der Ewigkeit. Und Ewigkeit ist die Erfüllung der Zeit. Ewigkeit ist erfülltes Leben. Nicht die Zeitlosigkeit, das wäre eine falsche Unendlichkeit oder eher eine Endlosigkeit. Aber Endlosigkeit hat mit der qualitativen Endlichkeit nichts zu tun. Wir gehen nicht mehr auf Plato zurück, wenn wir von Ewigkeit sprechen, sondern auf Boetius: Ewigkeit ist erfülltes Leben, in dem nichts mehr zu wünschen übrig bleibt.

Seit Erscheinen Ihres erfolgreichen Werkes „Theologie der Hoffnung" sind mehr als 35 Jahre vergangen. Hat sich an diesem Gedankenwerk im Prinzip etwas geändert?
Also an der Hoffnung kann sich nur etwas ändern, wenn sie entweder tief enttäuscht oder wenn sie erfüllt wird. Solange sie aber weder enttäuscht noch erfüllt ist, bleibt die Hoffnung bestehen, wie ein Stern der Verheißung über unserem Leben. Wenn man sich die Geschichte der Welt oder die eigene Lebensgeschichte ansieht, wird man sagen können: Noch ist Polen nicht verloren, noch ist Polen nicht gewonnen, noch ist Europa nicht verloren, noch ist Europa nicht gewonnen. Also leben wir in der Hoffnung und in der Kraft der Hoffnung.

Es ist bekannt, dass das Denken des marxistisch geprägten Philosophen Ernst Bloch und sein berühmtes „Prinzip Hoffnung" in Ihrer „Theologie der Hoffnung" einen konkreten Niederschlag gefunden haben. Wo begegnen sich hier die Geister?
Ernst Blochs „Prinzip Hoffnung" ist eigentlich eine Theorie des jüdischen Messianismus. Darin ist er großartig. Er hat einmal gesagt: Warum haben die Christen keine Hoffnung? Die Bibel ist voll von messianischen Passagen, die eigentlich

die Christen zu ihrer Hoffnung führen sollten. Das eschatologische Gewissen kam durch die Bibel in die Welt, steht bei Bloch. Und das hat mich fasziniert. Als ich ihn das erste Mal traf, fragte ich ihn: „Aber Herr Bloch, Sie sind doch Atheist!?" Worauf er mir antwortete: „Ich bin ein Atheist um Gottes Willen!" Und das ist ein nachdenkenswerter Satz. Sein Marxismus hat mich nie besonders bewegt, ich glaube, auch ihn nicht.

Sie sind mit dem bedeutenden katholischen Theologen Johann Baptist Metz befreundet und gelten – wenn ich das so sagen darf – als sein protestantisches Gegenstück. Was der katholische Theologe in seiner „Politischen Theologie" ausdrückt, ist gewissermaßen auch das Anliegen Ihrer „Theologie der Hoffnung"?
Ja, das stimmt. Ich bin Johann Baptist Metz sehr dankbar für diese Freundschaft und Gemeinsamkeit durch so viele Jahre hindurch. Die „Politische Theologie" war eigentlich unsere Antwort auf das Versagen der Kirchen und der Christenheit auf Auschwitz. Warum hat die Kirche versagt? Es gab genug Helden in der Kirche, aber warum haben die Kirchen geschwiegen? Darüber gibt es eine Menge Gründe zu nennen: wahrscheinlich am meisten, dass man gesagt hat: Religion ist Privatsache und hat mit der Politik nichts zu tun. Und um dieses Gefängnis „Religion ist Privatsache" zu durchbrechen, haben wir damals die politische Theologie entwickelt.

Sie sprechen von Auschwitz. Sie kennen den Ausspruch: Nach Auschwitz kann man nicht mehr an Gott glauben?
Ja, den Ausspruch kenne ich. Er ist falsch. Ein jüdischer Freund hat mir gesagt: „Wir können Hitler nicht einen posthumen Sieg zuerkennen, indem wir nicht mehr an Gott glauben!" Denn das wollte er durch Auschwitz erreichen: nicht nur das jüdische Volk, sondern auch den Glauben an den Gott Israels vernichten. Theologie nach Auschwitz ist wie eine Theologie nach Golgatha. Das müssen wir ernst nehmen. Theologie nach Auschwitz ist eine Kreuzestheologie. Wenn die Jünger nach Golgatha von Gott sprechen konnten, dann können auch wir nach Auschwitz von Gott sprechen.

Kreuzestheologie. Ihr zweites großes Werk trägt den Titel „Der gekreuzigte Gott". Besteht zwischen Ihrer „Theologie der Hoffnung" und Ihrer „Theologie des Kreuzes" eine Spannung?
Eigentlich nicht. Der Ursprung des Christentums ist das Kreuz Christi und die Auferstehung Christi. Also: Karfreitag und Ostermorgen. Mit der Theologie der Hoffnung war ich von der Auferstehung Christi und der Theologie von Ostern ausgegangen. Ich musste zurückkommen auf die andere Seite der Theologie der Hoffnung; nämlich die Theologie des Kreuzes. Und im Kreuz sieht man die Schmerzen der Liebe Gottes zu uns, der uns so weit nachgeht, dass er unsere Schmerzen und unseren Kummer teilt, um uns zum Sieg zu führen.

Sie beteiligen sich intensiv am ökumenischen Dialog, vor allem zwischen Juden und Christen. Wie beurteilen Sie den heutigen Stand der Ökumene? Wo sehen Sie die Begegnungspunkte zwischen Protestanten und Katholiken?
Ich war zur Ökumene gekommen in den Kriegsgefangenenlagern. Als ich Christ wurde und zum Glauben kam, fand ich eine Gemeinschaft von Christen vor, und es war uns egal, ob jemand katholisch, evangelisch, lutherisch oder freikirchlich war. Die Frage war: Bist du Christ oder bist du kein Christ. Sodass die ökumenische Gemeinschaft aller Christen in dem Leiden und in den Verfolgungen den Ursprung der Ökumene darstellt. Auch in Deutschland sind die ersten ökumenischen Verbindungen in der Zeit der gemeinsamen Verfolgungen durch die Nazi-Diktatur entstanden. Darauf sollten wir immer wieder zurückkommen: es ist keine Frage der ökumenischen Konferenzen oder der Theologie oder der Bischöfe, sondern der Menschen vor Ort. Je mehr die Christenheit eine Minderheit in einer multireligiösen Gesellschaft wird, umso mehr müssen wir zueinander kommen. Im Augenblick ist der Zustand der Ökumene nicht so, wie ich ihn erfahren habe, als ich vor 40 Jahren in die Ökumenische Bewegung eingetreten bin. Heute betont man wieder stärker die verschiedenen Profile von Lutheranern und Katholiken, die Verschiedenheit in der Gemeinschaft, während wir früher die Gemeinschaft in der Verschiedenheit betont haben. Ich hoffe aber, dass dies unaufhaltsam uns zueinander führt. Unabhängig davon, ob wir Protestanten oder Katholiken sind: Wir sind in erster Linie Christen.

Wichtige Beiträge haben Sie auch zur christlichen Schöpfungslehre geleistet. Trägt diese Lehre auch zum Schutz der Natur, zu einer ökologischen Ethik bei? Und worin würde ein solcher Beitrag bestehen?
Abgesehen von der Theologie der Schöpfung sehe ich die Beiträge erstens in einer neuen Spiritualität der Natur. Die Wiedererkennung von Hildegard von Bingen zum Beispiel oder von Ernesto Cardenals Cántico cósmico zeigt, dass wir eine tiefe Spiritualität der Gemeinschaft mit der Natur in unserer Tradition haben. Mystik ist nicht jenseits ausgerichtet, sondern die wahre Mystik sieht Gott in allen Dingen und alle Dinge in Gott und nimmt damit alle Dinge in die Ehrfurcht vor Gott hinein. Und der zweite Beitrag besteht wohl in einer Kultur des Lebens, die Johannes Paul II. immer wieder angemahnt hat. In der Zeit, wo der Tod so allgemein geworden ist und das Töten so leicht geworden ist, brauchen wir eine starke Kultur des Lebens, die in der Liebe zum Leben gründet.

Trinitätstheologie: ein weiteres großes Thema, mit dem Sie sich befasst haben. Aber auch wieder ein Thema, das – zumal für Laien – ganz besonders schwierig ist.
Trinitätstheologie mag schwierig sein, aber christlicher Glaube ist von Anfang an ein trinitarischer Glaube. In der Gemeinschaft mit Jesus, dem Sohn Gottes, bete ich „Abba, lieber Vater" und erfahre die Kräfte des Lebens, die Kräfte des Heiligen Geistes. So ist christlicher Glaube von Anfang an auf Gott den Vater, Christus den Sohn und den Heiligen Geist als Geist des Lebens ausgerichtet. Und das erfahren wir, wann immer wir in der Christusgemeinschaft an Gott glauben. Es ist also ganz einfach, man kann es allerdings etwas komplizierter und schwieriger ausdrücken. Eigentlich ist dieses trinitarische Denken ein einfaches Denken: Ich lebe in Gott, Gott lebt in mir, wenn immer ich in der Liebe lebe. Die-

ses gegenseitige Einwohnen Gottes in uns, wir in Gott, Christus in Gott, Gott in Christus: das ist das trinitarische Denken, ein Denken der Liebe.

Ja, das klingt in der Tat jetzt nicht mehr ganz so schwierig. Ist es nicht so, Herr Professor Moltmann, dass der Mensch sich weniger schwer täte mit dem Glauben, wenn mehr Beweise der Gegenwart Gottes – wie sie etwa der Hl. Thomas gefordert hat – auch effektiv sichtbar würden?
Würden Sie Ihre Frau mehr lieben, wenn sie mehr Beweise fordern könnten? Nein. Es gehört zur Liebe dazu, dass man keine Beweise braucht. Das Vertrauen muss ein volles Vertrauen sein. Beweise gehören zur Kontrolle. Gott ist nicht nur unsere Hoffnung, sondern wir haben auch das Gefühl, dass wir die Hoffnung Gottes sind auf dieser Erde. Gott hofft auf uns. Wir sind Gottes Utopie.

Welche erachten Sie als die großen Gefahren, welche als die Chancen unserer Zeit?
Die große Gefahr ist der Nihilismus. Der terroristische Nihilismus, der ökologische Nihilismus, der mentale Nihilismus, mit dem wir all dieses Elend in den Zeitungen und im Fernsehen hören und uns ansehen müssen, und gegen den wir nichts tun können. Dann versinken wir in Apathie. Dieser neue Nihilismus scheint mir die große Gefahr zu sein. Das Leben wird nicht mehr richtig geliebt, könnte man sagen, mit Albert Camus. – Die Chancen unserer Zeit sind eigentlich größer, als wir sie je erwartet haben. Wer hätte den Zusammenbruch der Sowjetunion und des ganzen Ostblocks erwartet? Keiner. Wer hätte die Wiedervereinigung Deutschlands erwartet? Wer hätte erwartet, dass das Apartheitssystem in Südafrika ohne großes Blutvergießen zusammenbricht? Keiner. Wir haben in unserer Zeit so viel Zeichen und Wunder erlebt, die uns zu größerer Hoffnung auf die Zukunft beflügeln sollten, mehr jedenfalls als zu Depression und Angst vor der Zukunft.

Aldo Parmeggiani, Rom

M 10 Reich Gottes ist anderes (Reinhard Slenczka, 2008)

Reich Gottes ist […] als sittliches Ideal eine Art ethischer oder sozialethischer Motivation für christliches Handeln in der Welt bzw. für christliche Gesellschaftsverantwortung. Reich Gottes ist aber dann nicht mehr aus der Ankündigung Jesu zu verstehen, auf dessen Wiederkunft sich die Gemeinde vorbereiten soll. Damit wird auch an dieser Stelle deutlich ein *Subjektwechsel* vollzogen, indem die von Gottes Handeln bestimmte und in seinem Wort erschlossene Heilsgeschichte in die Kirchengeschichte bzw. in die christliche Weltverantwortung überführt wird. Die Eschatologie wird theologisch säkularisiert, und das ist ein weit verbreiteter Vorgang, dessen Eigenart angesichts seiner selbstverständlichen Einsichtigkeit überhaupt nicht mehr zu erkennen ist. Allerdings ist nicht zu übersehen, dass […] die *Volkskirche* das Motiv dieser theologischen Überlegungen bildet. Dass dies auch unter anderen politischen Verhältnissen ähnlich gesehen werden kann, zeigt die amerikanische Bewegung des ‚*social gospel*' […], deren Ziel darin besteht, „*… die menschliche Gesellschaft in das Reich Gottes zu transformieren durch eine Erneuerung aller menschlichen Beziehungen und durch ihre Wiederherstellung in der Übereinstimmung mit dem Willen Gottes.*"[1]
Besonders […] wurde von den Vertretern der „Konsequenten Eschatologie" […] auf die Unvereinbarkeit der unmittelbaren Endzeiterwartung in der Verkündigung Jesu mit der gegenwärtigen Situation der Kirche hingewiesen. Anders ausgedrückt: Was das Neue Testament von der Verkündigung und Erwartung Jesu bezeugt, ist mit der heutigen gesellschaftlichen und geschichtlichen Situation nicht mehr vereinbar. Dies wurde besonders im Blick auf die ethischen Konsequenzen ausgeführt. Exegetisch-historisch wurde damit völlig zutreffend nach dem neutestamentlichen Zeugnis festgehalten, dass für Jesus selbst das Reich Gottes nicht ein sittliches Ideal, sondern ein zukünftig erwartetes Ereignis unter dem Eingreifen Gottes gewesen ist. Damit wurde […] betont, dass das Reich Gottes nach dem neutestamentlichen Zeugnis *katastrophisch* als Umbruch verstanden ist, nicht aber *evolutiv* als innergeschichtlicher Entwicklungsvorgang verstanden wird. […] An dieser Stelle scheiden sich die Wege zwischen Anpassung und Aufgehen der christlichen Gemeinde in die sie umgebende Gesellschaft und der Vorbereitung der Gemeinde auf die Wiederkunft ihres Herrn zum Gericht über Lebende und Tote. Im ersten Fall wird die christliche Gemeinde zum *bürgerlichen Traditionsverein* oder zu Staatskirche, die ihren Nutzen für die Gesellschaft in der Öffentlichkeit beweisen muss. Im zweiten Fall ist sie wanderndes Gottesvolk, das in dieser Weltzeit „*keine bleibende Stadt*" hat (Hebr 13,14) und die ihr „*Bürgerrecht im Himmel*" hat (Phil 3,20). Es ist kein Wunder, wenn auf diese Weise alles, was für christliches Glauben und Handeln heilsentscheidend ist, um vor Gott im Endgericht zu bestehen, überhaupt nicht mehr ernst und zur Kenntnis genommen wird, wenn uns dort gesagt wird: „*Oder wisst ihr nicht, dass die Ungerechten das Reich Gottes nicht ererben werden?*" (Mk 16,16, 1. Kor 6,9 ff.; Gal 5,21).
Eindeutige Weisungen und Warnungen gehen dann einfach in der Befriedigung menschlicher Bedürfnisse und Forderungen unter. Kirchenleitungen und Synoden folgen wie einst Aaron (2. Mose 32) der Stimme des Volkes.
Unter öffentlichem Druck, mit den entsprechenden Mehrheiten und öffentlichem Beifall können dann Beschlüsse […] durchgesetzt werden. […] Dies führt dann freilich auch dazu, dass diejenigen, die solchen Entscheidungen nicht zustimmen, weil sie dem Wort Gottes widersprechen, verdrängt bzw. faktisch exkommuniziert werden. Dass auch dies zu den Zeichen der Endzeit gehört, bleibt zu beachten. Zumal im Blick auf die Bergpredigt begegnet gerade in der christlichen Gemeinde zu allen Zeiten die Behauptung, dass diese Gebote Jesu nicht erfüllbar oder nur von einem besonderen Stand von Menschen erfüllbar seien. Auf diese Weise werden die klaren Weisungen, mit denen Jesus die Gebote nicht im Geringsten auflöst, sondern erfüllt (Mt 5,17–20), leichtfertig neutralisiert. Doch damit entziehen wir uns dem Gericht Gottes nach dem Maßstab seiner Gebote und erheben uns selbst zum Richter über die Gebote Gottes (Jak 4,10–12).
Gerade deshalb ist festzuhalten: Es geht nicht um eine *Nichterfüllbarkeit*, sondern um unsere *Nichterfüllung* dieser klaren Gebote, die besonders auch in der Tiefe unseres Her-

zens unseren Ungehorsam gegenüber dem Willen Gottes aufdecken.
Wenn nun von dem theologischen Axiom der *„Parusieverzögerung“* die Rede ist, dann zeigt sich im tieferen Sinne, dass es hier überhaupt nicht um geschichtliche Veränderungen der Verhältnisse geht, sondern um Gehorsam und Ungehorsam gegenüber Gottes Geboten. Christen jedoch müssen wissen: *„Denn das ist die Liebe zu Gott, dass wir seine Gebote halten; und seine Gebote sind nicht schwer“* (1. Joh 5,3).
Die Problematisierung der klaren Gebote Gottes nach Überlieferung ihres Textes und der Erfüllbarkeit begleitet die Menschheit seit ihren Anfängen mit der Frage der Schlange: *„Ja, sollte Gott gesagt haben …?“* (1. Mose 3,1). Das ist unser bis heute fortdauernder menschheitlicher Anfang von Exegese und Ethik. Der alte Mensch in uns wird auf eine solche Feststellung mit wütender Ablehnung reagieren.
Die Vorbereitung auf die Wiederkunft Christi, die Mahnung zur Wachsamkeit und der Hinweis auf die Rechenschaft vor dem Herrn begegnen uns in den biblischen Schriften stets gerade dort, wo Ungeduld oder Enttäuschung die Herzen ergreifen. Bei der Klarheit, mit der dies in den Heiligen Schriften aufgenommen wird, ist die Bibel weder zu kritisieren noch zu verteidigen, wohl aber zu hören, wie das Wort Gottes auf unser Gewissen wirkt.
Die Endzeiterwartung bestimmt die Verantwortung in der Gegenwart; denn jetzt fallen die Entscheidungen für das, was dann aufgedeckt werden wird: *„Selig ist der Knecht, den sein Herr, wenn er kommt, das tun sieht. Wahrlich ich sage euch: Er wird ihn über alles eine Güter setzen. Wenn aber jener als ein böser Knecht in seinem Herzen sagt: Mein Herr kommt noch lange nicht, und fängt an, seine Mitknechte zu schlagen, isst und trinkt mit den Betrunkenen: dann wird der Herr dieses Knechts kommen an einem Tage, an dem er’s nicht erwartet und zu einer Stunde, die er nicht kennt, und er wird ihn in Stücke hauen lassen und ihm sein Teil geben bei den Heuchlern; da wird sein Heulen und Zähneklappern“* (Mt 24,46–51).
Immer wieder hören wir die Mahnung, das Kommen der Endzeit nicht zu berechnen, wohl aber mit seinem Kommen zu rechnen. Das Gleichnis von den klugen und törichten Jungfrauen (Mt 25,1–13) zeigt das in aller Anschaulichkeit, wie die törichten Jungfrauen lediglich eine begrenzte und auf kurze Zeit berechnete Menge von Öl für ihre Lampen mitgenommen hatten, während die klugen einen nicht berechneten Vorrat mit sich führten, um das Kommen des Bräutigams zu erwarten. Der Hinweis, dass „der Tag des Herrn kommen wird wie ein Dieb in der Nacht“, wird mehrfach wiederholt (Mt 24,43; 1. Thess 5,2; 2. Petr 3,10). Der Zeitpunkt für das Kommen des Reiches Gottes ist unbekannt: „Von dem Tage aber und von der Stunde weiß niemand, auch die Engel im Himmel nicht, auch der Sohn nicht, sondern allein der Vater“ (Mt 24,36; Apg 1,7).
Damit ist jede Möglichkeit einer Berechnung ausgeschlossen. Nicht die Zeit bestimmt und erschließt, was Gott tun wird, sondern das Handeln Gottes bestimmt die Zeit von Anfang der Schöpfung bis zu ihrem Ende. Dass die Zeit etwas Geschaffenes ist, wird uns gerade in diesem Zusammenhang deutlich gemacht, wo wir versuchen, aus der Zeit das Wirken des Schöpfers und seinen ewigen Ratschluss nach dem Maß unserer geozentrischen Zeitbestimmung zu erforschen. Bemerkenswert ist dabei auch, wie angesichts der ungeduldigen Berechnungsversuche und des enttäuschten Spotts und der Abwendung an die Unvergänglichkeit der Worte Gottes erinnert wird (Mt 24,35; 2. Petr 3,5–7): *„Himmel und Erde werden vergehen; aber meine Worte werden nicht vergehen.“*
Wenn theologisch damit argumentiert wird, dass die Geschichte zwischen die Verkündigung Jesu und die gegenwärtige Zeit gekommen sei, muss man sich darüber im Klaren sein, dass dann bereits andere Grundlagen und Kriterien in Geltung sind. Goldene Kälber werden fabriziert und umtanzt. Nicht mehr das Wort Gottes, sondern der Mensch bestimmt, was für ihn an der Zeit ist und in seine Zeit passt. […] An dem Thema der Parusieverzögerung wird deutlich, wie mit der These von einer Geschichtsbedingtheit des Wortes Gottes andere Grundlagen und Kriterien in Geltung stehen.

Anmerkung

1 Walter Rauschenbusch: Christianity and the Social Crisis, New York [19]1922, S. XIII.

Anregungen zur Weiterarbeit

1. Vergleichen Sie die Auffassungen vom „Reich Gottes“ unter besonderer Berücksichtigung des Bibelverständnisses in **M 9** und **M 10** miteinander.
2. Erläutern Sie, worin Slenczka **M 10** einen „Subjektwechsel“ (Z. 7) sieht und was er konkret darunter versteht.

3.3 Auferstehung und Wiedergeburt

M1 Interview mit Paulus (Hans-Joachim Eckstein, 2004)

Seit Ihren Schreiben an die Korinther sind nunmehr fast zweitausend Jahre vergangen, und es fällt vielen von uns heute sehr schwer, gerade Ihre engagierte Argumentation zur „Auferstehung von den Toten" (1. Korinther 15) nachzuvollziehen.
Das wundert mich freilich nicht, da es zur Zeit der Abfassung meiner Briefe an die junge korinthische Gemeinde dort nicht anders war. Sosehr mir selbst als pharisäisch geprägtem Juden die Hoffnung auf die Auferstehung der Toten grundsätzlich auch schon vor meiner Berufung bei Damaskus vertraut war, sowenig entsprach sie doch dem hellenistischen Geist einer griechischen Stadt wie Korinth oder Athen. Ja, selbst meine sadduzäisch orientierten jüdischen Brüder teilten die Auferstehungshoffnung noch nicht, weil sie sie nicht schon in der ‚Tora', sondern erst bei den Propheten und den Schriften ausdrücklich belegt fanden.[1]

Um den Anstoß dieser – dann wohl schon immer – umstrittenen Hoffnung auf eine „leibliche Auferstehung" zu umgehen, reden wir heute gerne davon, dass die Verstorbenen in dem „Gedächtnis Gottes" und in seinen Gedanken weiterleben und insofern nicht ganz tot sind.
Damit beschreiben Sie gewiss die entscheidende *Voraussetzung*, aber noch nicht die *Wirklichkeit* der Auferstehung! Würde Gott der ‚Entschlafenen' *nicht* gedenken, dann blieben sie gewiss für immer tot! Wenn er sich aber als der Schöpfer des Lebens seiner verstorbenen Geschöpfe „erinnert", wenn er in seiner Liebe „an sie denkt", dann erschafft er sie auch neu und erweckt sie zum Ewigen Leben. Denn er will, dass sie für immer vor ihm und mit ihm erfüllt leben können.

Ließe sich diese Form des Weiterlebens dann vielleicht auch mit einem unvergänglichen Bestandteil des Menschen – z. B. seiner „unsterblichen Seele" – oder mit einem „göttlichen Funken" im Menschen erklären? Dann kehrte der göttliche Funken beim Ableben in das große göttliche Feuer, das ewige Licht zurück, oder das „Weiterleben" wäre als Fortbestehen des Geistes, der Energie oder auch der Materie zu denken.
Gibt es solche Vorstellungen etwa heute immer noch? Damit wurde und wird dem Menschen einerseits zu viel zugeschrieben und andererseits viel zu wenig zugesagt. Nein, wenn wir als Geschöpfe in der Geschichte Adams sterben, dann sind wir – was unsere eigenen Voraussetzungen anbelangt – ganz und gar gestorben und tot. Ich kenne keine unvergänglichen, göttlichen Anteile im natürlichen Menschen! Das Geheimnis der Auferstehung gründet allein in Gottes Treue und in seiner Zusage, dass er seine Menschen der Vergänglichkeit und dem Vergessen nicht endgültig preisgeben will. Das „Göttliche" und die „Unvergänglichkeit" sind also nicht in uns selbst begründet, sondern ausschließlich in Gott.

Und warum sollen das Fortleben in Gottes Gedanken oder das Fortbestehen von Energie oder Geist ‚viel zu wenig' aussagen?
Weil es unaufgebbar um eine „leibliche" – d. h. persönliche, umfassende und wirkliche – Auferstehung geht. So wie Christus nicht bei den Toten blieb, sondern von Gott, seinem Vater, in ein neues, unvergängliches und herrliches Leben auferweckt wurde, so sollen auch die, die an Christus glauben, mit ihm zusammen ewig vor Gott leben. Auch zwischen Menschen macht es doch einen wesentlichen Unterschied, ob die Beziehung nur noch *in der Erinnerung* besteht oder *in der lebendigen Gegenwart* erfahren wird!

Es fällt uns aber schwer zu glauben, dass „Fleisch und Blut" über das Sterben hinaus Bestand haben können. Wie sollen wir uns denn eine Auferstehung der längst verwesten Körper vorstellen?
Jetzt argumentieren Sie aber schon wie meine Skeptiker in Korinth! Weder bei mir noch bei irgendeinem anderen Apostel war doch je davon die Rede, dass der Mensch in seine alte, natürliche Existenz zurückkehren soll oder dass das ‚alte Fleisch' – mit all seiner Vergänglichkeit, seiner Unzulänglichkeit und seinem Leiden – wiederhergestellt wird. Es geht uns um die Auferstehung und Verwandlung *aus* dem alten Leib, nicht *in* den alten Leib! Die erste Schöpfung und damit unser erster Leib sind und bleiben als solche vergänglich! Bei der Auferstehung von den Toten handelt es sich vielmehr um Gottes *Neu*schöpfung, die er in der Auferweckung seines Sohnes bereits verwirklicht hat. Allerdings schafft Gott nicht *völlig andere* Geschöpfe – was ja theoretisch auch denkbar gewesen wäre –, sondern seine sterblichen, doch von ihm geliebten Geschöpfe als solche völlig *neu* und *anders*.

Aber warum reden Sie dann von einer „leiblichen" Auferstehung? Wäre Ihr Anliegen nicht doch viel treffender und unmissverständlicher mit dem Gedanken der Fortexistenz des „Geistes" oder der „Seele" erfasst?
Nun, ich spreche ja in der Tat vom „geistlichen" Leib – im Unterschied zum natürlichen. Aber ich bezeichne hier mit „geistlich"/„pneumatisch" nicht einen unsterblichen Bestandteil im Menschen, sondern die Herkunft *aus* und die Wirkung *durch* Gottes Geist. Der unvergängliche, himmlische

Leib verdankt sich ganz dem Geist und der Kraft Gottes. Er ist nicht mehr wie der erste, der irdische Leib durch die Vergänglichkeit und Schwachheit bestimmt, sondern durch die Herrlichkeit und das himmlische Leben des auferstandenen Christus. Für uns als Judenchristen, die mit der Schrift groß geworden sind, ist ‚Leiblichkeit' an sich nichts Negatives oder Minderwertiges. Wir wissen, dass wir als Menschen nicht nur äußerlich einen Leib *haben*, sondern grundsätzlich Leib, d. h. „leibhaftig" *sind* – oder gar nicht sind! Den „Leib"-Gedanken und das ganzheitliche Verständnis vom Menschen kann und will ich keineswegs aufgeben, weil sonst ein ganz entscheidender Aspekt des Evangeliums aus dem Blick gerät. Es geht uns doch bei der Beschreibung des Ewigen Lebens und des Glaubens nicht nur um die menschliche Sehnsucht, in irgendeiner Weise unsterblich zu sein! Im Mittelpunkt unserer Hoffnung steht vielmehr die bleibende Zugehörigkeit zu Gott und die ewige und persönliche Gemeinschaft mit unserem Herrn, Jesus Christus. Nur wenn wir „leibhaftig" leben, können wir Gott lieben und erkennen, ihn sehen und verehren. Nur so können wir im umfassenden Sinne mit ihm Gemeinschaft haben und vor ihm im Kreis all derer, die ihn lieben, glücklich leben. Wenn Christus uns bei unserem Namen ruft und wir den einzigartigen Namen Jesu Christi anrufen, dann wissen wir, dass Gott *uns selbst* meint – und nicht nur *etwas* an uns! Mit Christus macht uns Gott, der Vater, in der Auferstehung *ganz neu* – aber er macht eben *uns* ganz neu; so wie er in der Auferweckung Jesu Christi ja keine *andere* Person schuf, sondern den für uns Gekreuzigten und Begrabenen *persönlich* von den Toten in seine Gemeinschaft und Gegenwart gerufen hat!
Auf einen grünen Zweig kommen …

Anmerkung

1 Als alttestamentliche Verheißungen einer von Gott gewirkten Auferstehung zum Leben wurden – mit unterschiedlicher Eindeutigkeit – erkannt: 1. Sam 2,6; Hiob 19,26 f.; Jes 25,8; 26,19; Hes 37,1–14; Dan 12,2.13; Hos 6,2; 13,14; vgl. Hebr 11,19; im Sinne einer „Entrückung" der Lebenden hin zu Gott 1. Mose 5,24; 2. Kön 2,11; Ps 49,16; 73,24; vgl. Hebr 11,5; zur Argumentation mit Sadduzäern siehe Mk 12,18–27par; Apg 23,6 ff.; zum Zusammenhang zwischen der Auferstehung Jesu Christi und der Auferstehung der an ihn Glaubenden siehe Röm 8,11; 14,9; 1. Kor 6,14; 15,12 ff.; 2. Kor 4,14; 1. Thess 4,14.

M 2 Friedhof (Reinhard Mey, 2004)

Ich geh' gern in einer fremden Stadt
Auf den Friedhof, so ein Friedhof hat
Etwas Gastfreundliches und steht allen offen:
Manchem nur für seine Mittagszeit,
Manchem für die ganze Ewigkeit
Und du hast schnell 'nen Gesprächspartner getroffen.
Insel im Meer der Geschäftigkeit,
Blumengarten der Gelassenheit,
– Sinnigerweise vom Lebensbaum umgeben –
Zeig mir Hochmut und Vergänglichkeit,
Tröste mich und mach den Blick mir weit
Für den Wert der Dinge, an denen wir kleben!

Jede Grabinschrift und jeder Stein
Erzählen mir in Gräberlatein
Von den Unvergess'nen, die zu früh entschweben.
Jede Plasteblume, die da sprießt,
Jede Primel, die kein Schwein mehr gießt,

Kann mir was erzähl'n von denen, die noch leben.
Ich seh mir die Jahreszahlen an:
Manchmal kommt er früh, der Sensemann,
Manchmal trödelt er herum, der alte Mäher.
„Geh nur deiner Wege" sagt er mir,

„Einmal enden sie doch alle hier
Und du siehst ja, die Einschläge kommen näher!"
Ich sitz' gern auf einer Friedhofsbank,
Seh' die schattigen Alleen entlang
Und denk' nach über den tief'ren Sinn der Reise.
Mit dem schicken Laptop auf den Knien
Blätter' ich von Termin zu Termin
Und wenn „Wichtig!" davor steht, kicher' ich leise.
Kann ja sein, ich verpass' grad den Tanz
Um das Gold'ne Kalb – aus der Distanz
Wird nicht jedes „Dringend" und „Eilt sehr!" beachtet.
Es ist nichts, von dem man immer denkt,
Dass die ganze Welt davon abhängt,
Wichtig, von einer Friedhofsbank aus betrachtet!

Heute macht sich schon manch Junger krumm
Für 'nen Platz im Altersheim, darum
Geh' ich da nur konsequent einen Schritt weiter:
Mach mich schon mal mit dem Platz vertraut,
An dem man mich eines Tags verstaut

Und geh an den Job zurück, gelöst und heiter.
Aufgeräumt und quicklebendig kehr'
Ich heim in das Leben ringsumher,
Les' im Geh'n die Inschrift auf der Friedhofsmauer.
Die Lektion, die sie mich schweigend lehrt
Ist die grad geschwänzte Sitzung wert:
„Jedes Ding hat seine Zeit, nichts ist von Dauer!"
Jedes Ding, steht da, hat seine Zeit,
Dabei wäre ich durchaus bereit,
Gegebenenfalls überhaupt nicht zu sterben,
Um den Beisetzungsgeiern und den
Peinlichen Grabreden zu entgeh'n,
Doch ich will's mir mit meinen Erben nicht verderben.

M 3 In Memories?

M 4 Ein Credo auf der Autobahn

Anregungen zur Weiterarbeit

1. Arbeiten Sie die Kernaussagen von M 1 heraus.
2. Ziehen Sie gedankliche Verbindungslinien zwischen M 1 und M 2 (Musikfassung z. B. im Internet).
3. Verfassen Sie eine Spontanreaktion einer Autofahrerin/eines Autofahrers auf M 4.
4. Erläutern Sie mögliche Bezüge von M 3 und M 4 zu M 5.

M5 Was stand der Osterfreude im Weg (Armin D. Baum, 2012)

Am ersten Ostersonntag der Weltgeschichte litten zwei der engsten Schüler Jesu Christi – die Emmausjünger – unter theologischer Demenz: Sie erkannten ihren Lehrer nicht mehr! Den Sinn dieser „Osterblindheit" erläutert Armin D. Baum, Professor für Neues Testament.

Die Resignation war den beiden Männern ins Gesicht geschrieben. Zwei Tage nach der Kreuzigung ihres Lehrers machten sich die glühenden Jesusanhänger auf den Weg nach Emmaus, wahrscheinlich ihre Heimatstadt. Sie konnten Jesu Ankündigungen von Tod und Auferstehung nicht einordnen; daher wandten die Schüler, die wir heute als Emmausjünger kennen, ausgerechnet am Tag seines größten Triumphs dem Zentrum der Weltgeschichte – Jerusalem – enttäuscht den Rücken zu. Dabei stammten sie sogar aus seinem Verwandtenkreis: Kleopas war ein Bruder Josephs, des „Nährvaters" Jesu, berichtet der Theologe und Geschichtsschreiber Eusebius (um 260–340). Beim zweiten Jünger handelte es sich laut dem Kirchenschriftsteller Origenes (185–254) um Simon, den Sohn des Kleopas – er löste später Jakobus, den Bruder Jesu, als Bischof der christlichen Gemeinde von Jerusalem ab.
In ihrer Frustration half es ihnen nicht einmal, dass der auferstandene Jesus selbst sich plötzlich ihrer kleinen Reisegruppe anschloss. Denn obwohl er neben ihnen herging, mit ihnen sprach und sie ihm tief in die Augen blicken konnten, erkannten sie ihren auferstandenen Meister nicht.
Das lag nicht etwa daran, dass Jesus anders gekleidet war als vor Ostern oder verändert sprach – oder dass sie durch die Sonne geblendet wurden. Vielmehr „wurden ihre Augen gehalten". Das heißt: Gott selbst verhinderte, dass die Emmausjünger den Auferstandenen erkannten! Aber welchen Grund mag der Allmächtige gehabt haben, ihre Osterfreude zu unterbinden?

Selbst die Frömmsten träumen sich die Zukunft rosarot
Die Ursache kommt in der Kernaussage zum Ausdruck, mit der Kleopas und Simon ihre hochfliegenden Erwartungen zusammenfassten: „Wir hatten gehofft, dass Jesus der erwartete Retter ist, der Israel erlöst." Die Hoffnung der Emmausjünger deckte sich also mit der messianischen Erwartung der frommen Juden, die am Anfang des Lukasevangeliums zu Wort kommen: Der gottesfürchtige Simeon erwartete „den Trost Israels"; die Prophetin Hanna sah „die Erlösung Jerusalems" voraus; und der gerechte Zacharias hoffte, dass der Sohn Davids Israel „aus der Hand aller seiner Feinde erretten" würde.
Die Lieblingsbibelstellen von Kleopas, Simon und ihren jüdischen Glaubensgeschwistern müssen leuchtende Texte wie 2. Samuel 7 und Jesaja 9 gewesen sein: Hier wird der majestätische Sohn Davids beschrieben, dessen gerechte Herrschaft bis in alle Ewigkeit bestehen wird. Ein gefolterter und ermordeter Erlöser war in der selektiven Endzeiterwartung der Emmausjünger jedoch nicht vorgesehen. Die Anbetungslieder und Gebete dieser Frommen handelten vom messianischen Versiegen aller Tränen – nicht von einem Retter, den seine Todfeinde einen bestialischen Verbrechertod sterben lassen.

Eine Nachhilfestunde im Bibellesen
Auf die rosarot verkürzte Theologie seiner beiden resignierten Schüler reagierte Jesus mit einer Nachhilfestunde in ganzheitlichem Bibellesen: Die heiligen Schriften, so erklärt der Auferstandene, sprechen von Anfang bis Ende auch davon, dass der Messias schrecklich leiden und sterben muss. Welche alttestamentlichen Stellen Jesus in dieser Privatvorlesung mit den beiden durchgesprochen hat, sagt die Emmausgeschichte zwar nicht – sie lassen sich aber aus den vorösterlichen Worten Jesu und den späteren Predigten seiner Apostel erschließen: „In den Staub des Todes legst du mich" (Psalm 22,13–19) dürfte dabei gewesen sein, oder auch „Sie werden auf mich blicken, den sie durchbohrt haben" (Sacharja 12,10–13,1). Und natürlich das große Passionskapitel des Propheten Jesaja: „Wegen des Vergehens seines Volkes hat ihn Strafe getroffen" (53,8). Die finsteren Leidensvorhersagen der Heiligen Schriften beziehen sich auf denselben Messias, der Leid und Tod für ewig auslöschen wird – und der im Moment neben ihnen herging.

Beim Abendmahl weicht der theologische Nebel
Als die Reisenden in Emmaus angekommen waren, ließ Jesus sich einladen, im Haus seiner osterblinden Schüler die Nacht zu verbringen. Nachdem man sich zu Tisch gelegt hatte, „nahm er das Brot und segnete es. Und als er es gebrochen hatte, reichte er es ihnen. Ihre Augen aber wurden aufgetan, und sie erkannten ihn." Woran? Sicher nicht an seinen Nägelmalen, wie es manche Gemälde darstellen. Auch nicht an seiner besonderen Art zu beten. Sondern: Durch das symbolische Brotbrechen traf Jesus dieselbe Aussage wie die Bibelstellen, die er unterwegs zitiert hatte. Indem er in Emmaus demonstrativ das Brot brach, erinnerte Jesus seine Schüler an das bedeutungsschwere Brotbrechen im Jerusalemer Obergemach beim letzten Abendmahl (Lukas 22,19). Durch diese sprechende Geste bezog er sich auf die Deutung seines Todes als Opfer, die er seinen Schülern – bisher erfolglos – nahezubringen versucht hatte.

Kein halbes Evangelium!
Sobald Kleopas und Simon – durch ihr neues Verständnis der Heiligen Schriften und nach dem privaten Abendmahl mit Jesus – den grauenvollen Tod des Messias akzeptiert hatten, war der Zweck dieser Ostererscheinung erfüllt: Das fehlende „Puzzleteil" lag an seinem Platz. Es entstand ein sinnvolles Gesamtbild in den Herzen der beiden Jünger, das die beiden anschließend postwendend in die Welt hinaustrugen.
Nicht auszudenken, wenn Kleopas und Simon das Auferstehungswunder „problemlos" erfasst und ein Evangelium ohne Kreuz verkündigt hätten (so wie sie es vor ihrer Emmauserfahrung verstanden hatten)! Die Folgen wären dramatisch gewesen: Ostern ohne Karfreitag, Auferstehung ohne Kreuz, der Löwe ohne das Lamm, ewiges Leben ohne Sündenvergebung! Indem Gott über Kleopas und Simon eine zeitweilige Osterblindheit verhängte, bewahrte er sie davor, gefährliche Verkündiger eines nur halb verstandenen – und darum häretischen – Evangeliums zu werden.

Warum der Koran irrt

Die Abneigung der Emmausjünger gegenüber einem brutal ermordeten Erlöser kann jeder ehrliche Mensch nachempfinden. Darum ist die (vorübergehende!) theologische Fehlleistung der beiden seit 2000 Jahren endlos wiederholt worden. Der Koran etwa schafft die Kreuzigung Jesu durch eine unhistorische Hilfskonstruktion aus der Welt: „Sie haben ihn nicht getötet und nicht gekreuzigt." Vielmehr sei ein Jesus ähnlicher Mann hingerichtet worden, während Jesus selbst von Gott lebendig in den Himmel entrückt wurde (Sure 5,157–158; vgl. 3,55). Islamische Theologen lehnen auch die biblische Lehre ab, dass ein stellvertretendes Opfer nötig war: Weil die Sünde den Menschen nicht so radikal von Gott trennt wie im Christentum, ist im Islam ein Stellvertretungstod Jesu nicht nötig.

Wer an Karfreitag den Gottesdienst meidet …

Aber auch die Christenheit tut sich stellenweise schwer mit dem Kreuz Jesu: Einigen gilt die biblische Lehre vom stellvertretenden Strafleiden Jesu als primitive Mythologie; andere entdecken hinter der neutestamentlichen Deutung des Todes Jesu ein sadistisches Gottesbild. Manche Christen empfinden daher eine starke Abneigung gegenüber den klassischen Passions-Chorälen. Und der eine oder andere verspürt an Karfreitag ein seelisches Unbehagen – und verzichtet lieber darauf, einen Gottesdienst mit einem so ernsten und bedrückenden Thema zu besuchen. Allerdings schwebt jeder Christ, der so empfindet und argumentiert, in der akuten Gefahr, zu Ostern von einer ähnlichen geistlichen Demenz erfasst zu werden wie die Emmausjünger. Wer die abgrundtiefe Erniedrigung des Erlösers nicht ertragen will, wird seine majestätische Herrschaft über den Tod nicht richtig erfassen können! Provokant formuliert: In den festlichen und erhebenden Ostergottesdienst darf nur gehen, wer auch am anstrengenden Karfreitag in der Kirche war. Vom ewigen Leben sollten wir nur reden, wenn wir auch regelmäßig zum Abendmahl gehen. Denn: Nur wer bereit ist, mit Jesus zu sterben, wird mit ihm auferstehen!

Anregungen zur Weiterarbeit

1. Lesen Sie die Erzählung von den Emmausjüngern aus Lukas 24 einmal laut murmelnd, einmal sich fortbewegend. Vergleichen Sie die Unterschiede zum stillen Lesen des Textes.
2. Formulieren Sie eine Antwort auf die Frage der Überschrift, was der Osterfreude im Wege stand und worin diese eigentlich überhaupt bestand.
3. Setzen Sie die Aussagen des Textes **M 5** in Beziehung zur Karikatur **M 6**.

M 6 Sackgasse (Dominik Bauer/Elias Hauck, 2010)

M 7 Lass nun ruhig los das Ruder (Georg Hülsken, 2013)

Lass nun ruhig los das Ruder
Dein Schiff kennt den Kurs allein
Du bist sicher, Schlafes Bruder
Wird ein guter Lotse sein.

Lass nun Zirkel, Log und Lot
Getrost aus deinen müden Händen,
Aller Kummer, alle Not,
Alle Schmerzen enden.

Es ist tröstlich, einzusehen,
Dass nach der bemess'nen Frist
Abschiednehmen und Vergehen
Auch ein Teil des Lebens ist.

Und der Wind wird weiter wehen,
Und es dreht der Kreis des Lebens,
Und das Gras wird neu entstehn,
Und nichts ist vergebens.

Es kommt nicht der grimme Schnitter,
Es kommt nicht ein Feind,
Es kommt, scheint sein Kelch auch bitter,
Ein Freund, der's gut mit uns meint.

Heimkehr'n in den guten Hafen
Über spiegelglattes Meer,
Nicht mehr kämpfen, ruhig schlafen,
Nun ist Frieden ringsumher.

Und das Dunkel weicht dem Licht,
Mag es noch so finster scheinen.
Nein, hadern dürfen wir nicht –
Doch wir dürfen weinen.

Anregungen zur Weiterarbeit

1. Nehmen Sie Stellung zum Todesverständnis in M 7 und in M 8. Arbeiten Sie heraus, welche der Zusatzinformationen M 8 für das Verständnis des Gedichts unter M 8 notwendig sind.

M 8 Ein (Anti-)Kriegslied? (Reiner Andreas Neuschäfer)

Kriegslied (Matthias Claudius, 1778)

's ist Krieg! 's ist Krieg! O Gottes Engel wehre,
Und rede du darein!
's ist leider Krieg – und ich begehre
Nicht schuld daran zu sein!

Was sollt ich machen, wenn im Schlaf mit Grämen
Und blutig, bleich und blaß,
Die Geister der Erschlagnen zu mir kämen,
Und vor mir weinten, was?

Wenn wackre Männer, die sich Ehre suchten,
Verstümmelt und halb tot
Im Staub sich vor mir wälzten, und mir fluchten
In Ihrer Todesnot?

Wenn tausend tausend Väter, Mütter, Bräute,
So glücklich vor dem Krieg,
Nun alle elend, alle arme Leute,
Wehklagten über mich?

Wenn Hunger, böse Seuch und ihre Nöten
Freund, Freund und Feind ins Grab
Versammleten, und mir zu Ehren krähten
Von einer Leich herab?

Was hülf mir Kron und Land und Gold und Ehre?
Die könnten mich nicht freun!
's ist leider Krieg – und ich begehre
Nicht schuld daran zu sein!

Dieses Gedicht (oder Lied?) veröffentlichte Matthias Claudius (1740–1815) 1778 im „Vossischen Musenalmanach" für das Jahr 1779, als in unmittelbarer Umgebung nirgends Krieg war. Claudius hielt selbst in friedlichen Zeiten Zeilen gegen den Krieg für angebracht, um für die Frage des Friedens und Krieges zu sensibilisieren. Die ursprünglich als Appell an die Fürsten konzipierte letzte Strophe tilgte Claudius später in seinen „Sämmtlichen Werken" aus dem Jahr 1803 zugunsten eines dann stimmigeren Gedankengangs und Aufbaus:

Doch Friede schaffen, Fried' im Land' und Meere:
Das wäre Freude nun!
Ihr Fürsten, ach! wenn's irgend möglich wäre!!
Was könnt Ihr Größers thun?

Weniger ein konkreter Krieg als eine grundsätzliche Kritik intendierte das Gedicht. Mit dem als „Kriegslied" titulierten Gedicht hob sich Claudius von einer Liedgattung jener Zeit ab, die nach dem Vorbild der Grenadierlieder die schreckliche Kriegsrealität ignorierte bzw. beschönigte. Claudius sang kein Kriegs*lied*, sondern beklagte das Kriegs*leid*. Es war eine individuelle Antwort, die das Kriegsgeschehen in einen unmittelbaren Bezug zum individuellen Handeln und zur persönlichen Verantwortung der Herrschenden setzt.

Verheißene Ehre, die Verleihung einer Krone, der Erwerb von Schätzen oder die Zuteilung von Land können nicht die Schmach ersetzen, Schuld am Kriegsgeschehen zu teilen und unmittelbar vom Krieg bedroht bzw. betroffen zu sein. Bewusst verschweig Claudius dabei jegliche Rechtfertigung durch Kriegs*gründe* oder Kriegs*ziele*, die er angesichts des Leides nicht gelten ließ. Der Krieg an sich als Schreckensvision steht bei ihm im Mittelpunkt. Dabei ist diese letzte Strophe auf die erste Strophe zu beziehen, deren letzte beiden Zeilen gleichlautend mit denen der letzten Strophe sind: „'s ist leider Krieg – und ich begehre/Nicht schuld daran zu sein!" In diesem Seufzer drückt sich die Ambivalenz zwischen menschlicher Eigenverantwortung und göttlichem Beistand aus.
Die Bitte bzw. das Flehen „O Gottes Engel wehre,/Und rede du darein!" signalisiert etwas von der Ohnmacht angesichts des Krieges, die rein menschlich gesehen nicht zu überwinden ist. Es muss von außen jemand kommen und Einhalt gebieten. Engel werden hier quasi als letzte Option für eine Veränderung einer äußerst aussichtslosen Situation angesehen und angefleht. Angesichts der Grenzerfahrung des Krieges wendet sich Claudius an die Grenzgänger zwischen Himmel und Erde, die einerseits allzeit das Angesicht Gottes schauen (Mt 18,10) und sich andererseits für die Menschen engagieren. Diese Adresse des Flehens („Gottes Engel")

wird noch dadurch hervorgehoben, dass in der zweiten Strophe nicht mehr singularisch von einem Engel, sondern pluralisch von „Geister[n] der Erschlagnen" die Rede ist. Dem Schrecken der Kriege wird der Schutz der Engel gegenübergestellt. Verantwortung der Fürsten und Verheißung der Engel werden nicht gegeneinander ausgespielt, sondern spielen gemeinsam eine Rolle: einerseits als Fürbitt-Gebet für die Mächtigen, andererseits als Kritik und Mahnung an die Machthabenden. Matthias Claudius ging es, wie gesagt, nicht um ein motivierendes Kriegs*lied*, sondern um das zu monierende Kriegs*leid!* In seiner Sicht gehörte angesichts des Krieges Fürbitte ebenso dazu, wie das Fürchterliche als solches auch zu benennen.
Zu Beginn des 20. Jahrhunderts bekam das „Kriegslied" gegen die Kriegsbegeisterung in Zusammenhang mit dem Ersten Weltkrieg ebenso einen neuen Klang wie durch das Aufkommen eines populären Pazifismus in Gefolge von Bertha von Suttner (1843–1914) und Karl May (1842–1912). Vielleicht als Erster im 20. Jahrhundert setzte der österreichische Satiriker Karl Kraus (1874–1936) sich nachdrücklich für das „Kriegslied" ein und nahm es in seine Auswahl von Claudius-Gedichten in der Zeitschrift „Die Fackel" von 1917 auf. In seinen Lesungen und „Vorlesungen" trug Kraus seit Dezember 1916 auch das „Kriegslied" von Claudius vor.

M9 Begegnung und Beziehung (Enzyklika Spe salvi, Papst Benedikt XVI., 2007)

10. Ist christlicher Glaube auch für uns heute Hoffnung, die unser Leben verwandelt und trägt? Ist er für uns „performativ" – eine Kunde, die das Leben selbst neu gestaltet, oder ist er nur noch „Information", die wir inzwischen beiseitegelegt haben und die uns durch neuere Informationen überholt erscheint?
Auf der Suche nach einer Antwort möchte ich von der klassischen Form des Dialogs ausgehen, mit der das Taufritual die Aufnahme des Neugeborenen in die Gemeinschaft der Glaubenden und die Wiedergeburt in Christus eröffnete. Der Priester erfragte zunächst den von den Eltern gewählten Namen des Kindes und fragte dann weiter: Was begehrst du von der Kirche? Antwort: den Glauben. Und was gibt dir der Glaube? Das ewige Leben. Nach diesem Dialog suchten die Eltern für das Kind den Zugang zum Glauben, die Gemeinschaft mit den Glaubenden, weil sie im Glauben den Schlüssel sahen für „das ewige Leben".
In der Tat, darum geht es heute wie einst bei der Taufe, beim Christwerden: nicht nur um einen Sozialisierungsakt in die Gemeinde hinein, nicht einfach um Aufnahme in die Kirche, sondern die Eltern erwarten sich für den Täufling mehr: dass ihm der Glaube, zu dem die Körperlichkeit der Kirche und ihrer Sakramente gehört, Leben schenkt – das ewige Leben. *Glaube ist Substanz der Hoffnung.*
Aber da steht nun die Frage auf:
Wollen wir das eigentlich – ewig leben?
Vielleicht wollen viele Menschen den Glauben heute einfach deshalb nicht, weil ihnen das ewige Leben nichts Erstrebenswertes zu sein scheint. Sie wollen gar nicht das ewige Leben, sondern dieses jetzige Leben, und der Glaube an das ewige Leben scheint dafür eher hinderlich zu sein. Ewig – endlos – weiterzuleben scheint eher Verdammnis als ein Geschenk zu sein. Gewiss, den Tod möchte man so weit hinausschieben wie nur irgend möglich. Aber immerfort und ohne Ende zu leben – das kann doch zuletzt nur langweilig und schließlich unerträglich sein. [...]

11. [...] Offenbar gibt es da einen Widerspruch in unserer Haltung, der auf eine innere Widersprüchlichkeit unserer Existenz selbst verweist. Einerseits wollen wir nicht sterben, will vor allem auch der andere, der uns gut ist, nicht, dass wir sterben. Aber andererseits möchten wir doch auch nicht endlos so weiterexistieren, und auch die Erde ist dafür nicht geschaffen. Was wollen wir also eigentlich?
Diese Paradoxie unserer eigenen Haltung löst eine tiefere Frage aus: Was ist das eigentlich: „Leben"? Und was bedeutet das eigentlich: „Ewigkeit"? Es gibt Augenblicke, in denen wir plötzlich spüren: Ja, das wäre es eigentlich – das wahre „Leben" – so müsste es sein. Daneben ist das, was wir alltäglich „Leben" nennen, gar nicht wirklich Leben.
Augustinus hat in seinem an Proba, eine reiche römische Witwe und Mutter dreier Konsuln, gerichteten großen Brief über das Gebet einmal gesagt: Eigentlich wollen wir doch nur eines – „das glückliche Leben", das Leben, das einfach Leben, einfach „Glück" ist. Um gar nichts anderes beten wir im letzten. Zu nichts anderem sind wir unterwegs – nur um das eine geht es. Aber Augustin sagt dann auch: Genau besehen wissen wir gar nicht, wonach wir uns eigentlich sehnen, was wir eigentlich möchten. Wir kennen es gar nicht; selbst solche Augenblicke, in denen wir es zu berühren meinen, erreichen es nicht wirklich. „Wir wissen nicht, was wir bitten sollen", wiederholt er ein Wort des heiligen Paulus (*Röm* 8, 26). Wir wissen nur: Das ist es nicht. Im Nichtwissen wissen wir doch, dass es sein muss. „Es gibt da, um es so auszudrücken, eine gewisse wissende Unwissenheit" (*docta ignorantia*), schreibt er. Wir wissen nicht, was wir wirklich möchten; wir kennen dieses „eigentliche Leben" nicht; und dennoch wissen wir, dass es etwas geben muss, das wir nicht kennen und auf das hin es uns drängt.[1]

12. Ich denke, dass Augustinus da sehr genau und immer noch gültig die wesentliche Situation des Menschen beschreibt, von der her all seine Widersprüche und seine Hoffnungen kommen. Wir möchten irgendwie das Leben selbst, das eigentliche, das dann auch nicht vom Tod berührt wird; aber zugleich kennen wir das nicht, wonach es uns drängt. Wir können nicht aufhören, uns danach auszustrecken, und wissen doch, dass alles das, was wir erfahren oder realisieren können, dies nicht ist, wonach wir verlangen. Dies Unbekannte ist die eigentliche „Hoffnung", die uns treibt, und ihr Unbekanntsein ist zugleich der Grund aller Verzweiflungen wie aller positiven und aller zerstörerischen Anläufe auf die richtige Welt, den richtigen Menschen zu.
Das Wort „ewiges Leben" versucht, diesem unbekannt Bekannten einen Namen zu geben. Es ist notwendigerweise ein irritierendes, ein ungenügendes Wort. Denn bei „ewig" denken wir an Endlosigkeit, und die schreckt uns; bei Leben denken wir an das von uns erfahrene Leben, das wir lieben und nicht verlieren möchten, und das uns doch zugleich immer wieder mehr Mühsal als Erfüllung ist, so dass wir es

einerseits wünschen und zugleich doch es nicht wollen. Wir können nur versuchen, aus der Zeitlichkeit, in der wir gefangen sind, herauszudenken und zu ahnen, dass Ewigkeit nicht eine immer weitergehende Abfolge von Kalendertagen ist, sondern etwas wie der erfüllte Augenblick, in dem uns das Ganze umfängt und wir das Ganze umfangen. Es wäre der Augenblick des Eintauchens in den Ozean der unendlichen Liebe, in dem es keine Zeit, kein Vor- und Nachher mehr gibt. Wir können nur versuchen zu denken, dass dieser Augenblick das Leben im vollen Sinn ist, immer neues Eintauchen in die Weite des Seins, indem wir einfach von der Freude überwältigt werden. So drückt es Jesus bei Johannes aus: „Ich werde euch wiedersehen, und euer Herz wird sich freuen, und eure Freude wird niemand von euch nehmen" (Joh 16, 22). In dieser Richtung müssen wir denken, wenn wir verstehen wollen, worauf die christliche Hoffnung zielt; was wir vom Glauben erwarten, von unserem Mitsein mit Christus.[2]

Anmerkungen

1 Vgl. Ep. 130 *Ad Probam* 14, 25–15, 28: *CSEL* 44, 68–73.
2 Vgl. *Katechismus der Katholischen Kirche*, Nr. 1025.

M 10 Die Heilige Taufe (Kirchenfenster, 2012)

Anregungen zur Weiterarbeit

1. Strukturieren Sie die drei Ausschnitte aus der Enzyklika Spe salvi in M 9 und geben Sie jedem Abschnitt eine passende Überschrift.
2. Im Text der Enzyklika äußert sich Papst Benedikt XVI. auch zu dem, was einer christlichen Hoffnungsperspektive entgegenstehen kann. Arbeiten Sie dieses aus dem Text M 9 heraus und stellen Sie beide Perspektiven tabellarisch dar.
3. Weder die beiden Fotografien der Kirchenfenster M 10 und M 12 noch das Zitat aus den Confessiones des Augustinus von Hippo M 11 gehören zum Text M 9. Sie spiegeln aber Nuancen des Textes wider. Erörtern Sie mögliche Zusammenhänge bzw. Beziehungen zwischen Enzyklika-Text, Augustinus-Zitat und den beiden Kirchenfenstermotiven.

M11 Confessiones (Augustinus von Hippo, 397 n. Chr.)

Unruhig ist unser Herz, bis es ruht in dir, o Herr.
(Inquietum est cor nostrum, donec requiescat in te, Domine.)

M12 Ich glaube an die heilige katholische Kirche, Gemeinschaft der Heiligen (Kirchenfenster, 2012)

M13 Begegnung und Beziehung (Enzyklika Spe salvi, Papst Benedikt XVI., 2007)

26. Nicht die Wissenschaft erlöst den Menschen. Erlöst wird der Mensch durch die Liebe. Das gilt zunächst im rein innerweltlichen Bereich. Wenn jemand in seinem Leben die große Liebe erfährt, ist dies ein Augenblick der „Erlösung", die seinem Leben einen neuen Sinn gibt. Aber er wird bald auch erkennen, dass die ihm geschenkte Liebe allein die Frage seines Lebens nicht löst. Sie bleibt angefochten. Sie kann durch den Tod zerstört werden. Er braucht die unbedingte Liebe. Er braucht jene Gewissheit, die ihn sagen lässt: „Weder Tod noch Leben, weder Engel noch Mächte, weder Gegenwärtiges noch Zukünftiges, weder Gewalten der Höhe oder Tiefe noch irgendeine andere Kreatur können uns scheiden von der Liebe Gottes, die in Christus Jesus ist, unserem Herrn" (Röm 8, 38–39).

Wenn es diese unbedingte Liebe gibt mit ihrer unbedingten Gewissheit, dann – erst dann – ist der Mensch „erlöst", was immer ihm auch im Einzelnen zustoßen mag. Das ist gemeint, wenn wir sagen: Jesus Christus hat uns „erlöst". Durch ihn sind wir Gottes gewiss geworden – eines Gottes, der nicht eine ferne „Erstursache" der Welt darstellt, denn sein eingeborener Sohn ist Mensch geworden, und von ihm kann jeder sagen: „Ich lebe im Glauben an den Sohn Gottes, der mich geliebt und sich für mich hingegeben hat" (Gal 2, 20).

27. In diesem Sinn gilt, dass, wer Gott nicht kennt, zwar vielerlei Hoffnungen haben kann, aber im letzten ohne Hoffnung, ohne die große, das ganze Leben tragende Hoffnung ist (vgl. Eph 2, 12). Die wahre, die große und durch alle Brüche hindurch tragende Hoffnung des Menschen kann nur Gott sein – der Gott, der uns „bis ans Ende", „bis zur Vollendung" (vgl. Joh 13, 1 und 19, 30) geliebt hat und liebt. Wer von der Liebe berührt wird, fängt an zu ahnen, was dies eigentlich wäre: „Leben". Er fängt an zu ahnen, was mit dem Hoffnungswort gemeint ist, das uns im Taufritus begegnete: Vom Glauben erwarte ich das „ewige Leben" – das wirkliche Leben, das ganz und unbedroht, in seiner ganzen Fülle einfach Leben ist. Jesus, der von sich gesagt hat, er sei gekommen, damit wir das Leben haben und es in Fülle, im Überfluss, haben (vgl. Joh 10, 10), hat uns auch gedeutet, was dies heißt – „Leben": „Das ist das ewige Leben: dich erkennen, den einzigen wahren Gott und den du gesandt hast, Jesus Christus" (Joh 17, 3).

Leben im wahren Sinn hat man nicht in sich allein und nicht aus sich allein: Es ist eine Beziehung. Und das Leben in seiner Ganzheit ist Beziehung zu dem, der die Quelle des Lebens ist. Wenn wir mit dem in Beziehung sind, der nicht stirbt, der das Leben selber ist und die Liebe selber, dann sind wir im Leben. Dann „leben" wir.

M14 Beziehung: Bildung – Begegnung – Besinnung (2010)

Anregungen zur Weiterarbeit

1. Erarbeiten Sie aus dem Auszug der Enzyklika Spe salvi M 13 die wesentlichen Kernwörter. Geben Sie die Definition des Autors zu diesen wieder.
2. Das Wort „Beziehung" aus dem Text M 13 herausgreifend, wurde der Stuhl gestaltet. Beschreiben Sie die Bezüge zwischen Text M 13 und Kunstwerk M 14.
3. Skizzieren oder gestalten Sie Ihren eigenen „Beziehungs"- oder „Hoffnungs"-Stuhl. Benennen Sie die Materialien, Farben, Formen, Worte oder Verfremdungen, die Ihnen dazu einfallen.
4. Erörtern Sie Ihre Antworten zu den Fragen:
   - Wo wäre Ihrer Meinung nach in Ihrem Umfeld ein geeigneter Platz für Ihr Kunstwerk?
   - Wer sollte auf diesem Stuhl Platz nehmen oder welche Person in Ihrer Umgebung sollte einmal auf einem solchen Stuhl Platz nehmen?

M15 Was blüht Buddhisten oder Hinduisten?

Der **Buddhismus** ist mehr als ein „Way of Life" oder eine Philosophie. Er weist alle typischen Züge einer Religion auf. Dies wird auch im Blick auf das Welt- und Geschichtsverständnis und die Frage nach der Zukunft deutlich. Buddhistischen Basisvorstellungen begegnet man schon als junger Mensch in Kinofilmen, in der Kunst und in der Musik. Demnach spielt die Annahme einer „Ur-Kraft" oder „Energie" ebenso eine Rolle für die Religion wie die Gleichsetzung von „Gott" und „Leben", die in jedem Fall in die Vorstellung eines unpersönlichen Gottes mündet, dem die Weise, in der sich in der Bibel der dreieinige Gott als persönlich offenbart hat, widerspricht. Im Buddhismus ist aber auch die Rede von Himmel und Hölle, von Dämonen usw. Allerdings wurde und wird der Begründer des Buddhismus, Siddharta Gautama (gestorben um 400 v.Chr.), zumeist selbst wie ein Gott verehrt. Im tibetischen Buddhismus wird auch der Dalai Lama als göttlich angesehen. Allerdings muss man hier auch eine Fülle an Spielarten des Buddhismus ins Spiel bringen. Von diesen „ursprünglichen" fernöstlichen Formen sind die modern adaptierten, modifizierten buddhistischen Anschauungen zu unterscheiden.

Nach Meinung von Siddharta Gautama bzw. nach Buddhas Auffassung selbst wandert nicht eine Seele von einem Körper zu einem anderen (Reinkarnation). Es gibt für Buddha überhaupt weder eine Seele noch etwas, das den Tod überdauert. Das Leben eines Menschen verlischt gleich der Flamme einer ausgebrannten Kerze. Wohl aber existiert das Karma eines Menschen, die mehr oder weniger guten Taten, und löst die Geburt neuen, leidvollen Lebens gleich dem Domino- oder Billard-Kugel-Effekt aus. Damit hat auch der Buddhismus eine Vergeltungslehre. Das Lebensziel eines Menschen mit buddhistischer Überzeugung ist daher, möglichst keinerlei Karma zu sammeln. Denn nur so kann ein endgültiger, erfolgreicher Übergang ins Nirvana erfolgen. Dieses Nirvana wird als eine letztlich unbeschreibbare Wirklichkeit angesehen. *Erst wenn ein Mensch zur vollen Erleuchtung kommt, endet das Leid durch die Durchbrechung der immer wiederkehrenden Karma-Kette.* Es komme letztlich an auf das Erkennen zur Überwindung des Leids bzw. der Lebensgier. *Im Buddhismus führt also allein ständiges Bemühen zur Erleuchtung*: das Wandeln auf dem achtfachen Rad der Weisungen Buddhas, symbolisch greifbar durch das Rad der Lehre. Darauf zielt die Praxis buddhistischer Meditation: Sie ist der Versuch, seinen Geist gegenüber Gedanken und Wünschen zur Ruhe zu bringen, um zu seinem eigentlichen Selbst und mit der Zeit – vielleicht – zur Erleuchtung zu gelangen. Es sollen dabei aber durchaus Dogmen buddhistischer Couleur begriffen werden. Und die Behauptung, diese Lehrinhalte tatsächlich verinnerlicht zu haben, hat(te) nicht selten performativen oder legitimierenden Charakter.

Nach dem Tod Buddhas wurden seine Einsichten und Ansichten über das Nirvana von buddhistischen Mönchen weitergeführt. Nirvana bedeutet demnach die Nivellierung von Leid, also Ruhe und Frieden, höchstes Glück, Stille und Vollkommenheit. [...]

In etlichen buddhistischen Richtungen gibt es ein komplexes System von mehreren Höllen mit beigeordneten Höllen. Sehr anschaulich wird darin beschrieben, wie grausam Höllenstrafen sein können. Die tiefste Hölle hat den Namen *avici*. Dahinein werden diejenigen geboren, die sich der fünf schwersten Vergehen schuldig gemacht haben:

1. Vatermord
2. Muttermord
3. Tötung eines Arhat (buddhistischer Heiliger)
4. Vergießen des Blutes eines Buddha
5. Herbeiführung einer Ordensspaltung

Doch jeder Aufenthalt in einer Hölle ist zeitlich begrenzt: Sobald das „schlechte Karma", das einen in die Hölle gebracht hat, aufgebraucht ist, gelangt ein Lebewesen wieder in den Kreislauf der „Wiedergeburten".

Wenn ein Mensch mit buddhistischer Überzeugung stirbt, steht das Loslassen im Zentrum der Sterbe- und Trauerbegleitung: Die Anhaftung an das Leben ist aufzugeben und dem Tod sich zu fügen. Im tibetischen Buddhismus ist der Tod bereits durch die regelmäßige Sterbemeditation (der „Phowa") immerzu gegenwärtig. Diese soll den Geist auf diesen Übergang vorbereiten und im Moment des Todes das Loslassen erleichtern. Wer sich zu sehr nach dem Erhalt des Lebens sehnt, muss mit fatalen Folgen rechnen, etwa dass er oder sie als Höllenwesen, Hungergeist oder Ähnliches wiedergeboren wird. Auch wer dem Sterbenden das Leben bzw. Sterben schwer macht, könnte für eine solche Wiedergeburt verantwortlich gemacht werden, deren Prozess – wie bei jeder anderen Wiedergeburt auch – keine fünfzig Tage dauern soll.

In den vielen und vielfältigen **hinduistischen** Vorstellungen dagegen ist der Tod nichts anderes als eine Durchgangsstation zwischen zwei *Leben*!
Zwar hat die körperliche Existenzweise eines Menschen ein Ende gefunden und in gewisser Weise auch sein Geist. Aber doch überdauert quasi die geistige Seele des Menschen (sein Atman) den Tod und kehrt in einer Art Wiedergeburt ins Leben zurück. Entscheidend bei dieser Reinkarnation ist der Wiedereintritt des Atman in einen neuen Körper. Im Gegensatz zur christlichen Rede von der „Seele" ist die Anschauung eines Atman in den verschiedenen hinduistischen Vorstellungen allerdings nie individualistisch (also bei jedem absolut verschieden) verstanden, sondern gleichbleibend im sogenannten kosmischen Bewusstsein (Brahman). Das Bild dafür ist im Wasser aufgelöstes Salz, das zwar nicht mehr gesehen werden kann, aber doch irgendwie im Wasser existiert.

In welchem Körper man wieder auftaucht, hängt vom Karma des vorhergehenden ab, also von dessen Lebensbilanz. Da alles Leben nach hinduistischem Glauben leidvoll ist, kann eine solche „Wiedergeburt" gar kein erstrebenswertes Ziel sein. Entgegen europäischer Vorstellungen von der Wiedergeburt ist diese keine Belohnung, sondern eine Bestrafung. Vielmehr geht es um die Durchbrechung dieses Kreislaufes und damit um die Befreiung (moksha) vom Leid, die Erlösung von der Vergänglichkeit und der Zeit und dem Raum dieser Welt.

Ziel ist die Einheit von Atman und Brahman, der Eingang der menschlichen Seele in einer Art göttlichen Urgrund. Dies kann erfolgen durch:

- Erkenntnis (Jnana Yoga),
- Liebe zur Gottheit (Bhakti Yoga) oder durch
- gute Werke (Karma Yoga).

Manche zählen als vierten Weg noch

- die Beherrschung des Geistes (Raja Yoga) hinzu.

Bei hinduistischen Totenverbrennungen feiert man also weniger einen Abschied als die Befreiung der Seele von der leidvollen Last des Körpers und die Option, dass sich ein Mensch mit dem göttlichen Urgrund allen Lebens vereint.

Anregungen zur Weiterarbeit

1. Stellen Sie die in **M 15** dargelegten Positionen des Buddhismus und Hinduismus als eigene Überzeugung vor.
2. Informieren Sie sich über Vorstellungen zu Tod und Sterben im Islam und verfassen Sie eine Kurzdarstellung in Anlehnung an **M 15**.

3.4 Keine Zeit für Hoffnungslosigkeit

M1 Guter Hoffnung sein – Kinderwunsch eines Toten erfüllt (2013)

Fragen der Eschatologie und Ethik liegen manchmal gar nicht so weit auseinander.

Eine alleinstehende Frau brachte in Israel sechs Jahre nach dem Tod eines ihr völlig unbekannten Mannes ein quasi von ihm gezeugtes Kind zur Welt. Der unverheiratete Mann hatte immer gehofft und davon geträumt, einmal Nachkommen zu haben. Doch es kam anders. Er erkrankte an Krebs. Vor der Chemotherapie war es ihm wichtig gewesen, seine Samenzellen einfrieren zu lassen. Seiner Meinung nach gäbe es ein Recht auf Kinder – auch bei schwerer Krankheit und sogar nach dem Tod.

Nachdem der unverheiratete Mann im Alter von 30 Jahren gestorben war, begaben sich dessen Eltern auf die Suche nach einer Frau, die sich ein Kind wünschte und sich mit den Samenzellen ihres verstorbenen Sohnes befruchten lassen wollte. Sie wurden fündig, die Befruchtung funktionierte und eine Enkelin kam zur Welt. Nachdem mit dem Tod des Sohnes eine Welt zusammengebrochen war, sähen sie nun endlich wieder in ihrem Leben einen Lichtstrahl.

Die Mutter ihrer Enkelin und sie selbst als Großeltern seien durch den Kinderwunsch eng miteinander verbunden …

M2 Hoffnung ist ein Doppelpunkt (2013)

Guter Hoffnung sein …
Es bleibt zu hoffen …
Die Hoffnung stirbt zuletzt …
Hoffentlich änderst du dich bald …
Ich hoffe, ich schaffe das noch …
Hoffentlich schaffst du das doch …

Wer hofft, hat noch nicht aufgegeben.
Wer hofft, setzt noch einen oben drauf – einen Punkt.
So wird aus dem Punkt . ein Doppelpunkt :

Hoffnung hat auch
zu tun mit:

Warten
Ausharren
Durchhalten
Dulden
Vertrauen
Zeit haben
Trotzen
Bedenken
Bangen
Erinnern
Aushalten
Rebellieren
Auflehnen
Widersprechen

Anregungen zur Weiterarbeit

1. Bewerten Sie den erfüllten Kinderwunsch eines Toten in M 1 aus sexualethischer Perspektive. Nehmen Sie dabei auch zu folgenden Fragen Stellung: Welche Hoffnung kann sich das Kind machen? Inwiefern hat sich der Wunsch des Vaters erfüllt?
   Stellen Sie die Familienkonstellation grafisch dar.
2. „Guter Hoffnung sein" war noch nach dem Zweiten Weltkrieg eine geläufige Umschreibung für Schwangerschaft. Erläutern Sie, inwiefern in M 1 von Hoffnung die Rede sein kann.
3. Untersuchen Sie den Zusammenhang in M 2 zwischen dem Gedanken „Hoffnung ist ein Doppelpunkt", den Begriffen und den Bildern.
4. Erstellen Sie ein „Ranking" der Begriffsliste unter M 2: Welches Wort hat für Sie ganz viel mit Hoffen zu tun, welches drückt das, was Sie persönlich unter Hoffnung verstehen, am wenigsten aus? Begründen Sie.
5. Entwerfen Sie eine kleine Hoffnungsgeschichte oder einen Hoffnungstext zu einem der beiden Bilder.
6. Erläutern Sie konkret, wann für Sie eine Hoffnung vergebens und wann statt eines Doppelpunktes ein Schlussstrich angesagt wäre.

M3 Interview mit dem Tod (Jürgen Domian, 2012)

Jürgen Domian ist Moderator der Telefon-Talkshow „Domian" im Westdeutschen Rundfunk (WDR). In seiner Radiosendung hat er über viele Jahre hinweg mit etwa zwanzigtausend Personen gesprochen; davon nicht wenige Todkranke und Trauernde. In seinem Buch „Interview mit dem Tod" verzeichnet Jürgen Domian einige Gesprächsprotokolle – allerdings mit dem Tod:

– *Warum hast du das Leben des Säuglings und der jungen Frau ausgelöscht?*
\+ Ihre Zeit war abgelaufen.

– *Die Zeit eines zwei Monate alten Kindes?*
\+ Ja.

– *Das verstehe ich nicht.*
\+ Ich gehe immer zu denen, deren Aufgabe auf Erden erfüllt ist.

– *Ein zwei Monate altes Kind hat seine Aufgabe bereits erfüllt?*
\+ Ja. Manche Menschen benötigen dafür achtzig oder neunzig Jahre, manche vielleicht nur ein paar Stunden.

– *Wie zynisch!*
\+ Zynismus ist eine menschliche Eigenschaft. Ich habe keine menschlichen Eigenschaften. Es sind nicht Jahre, in denen sich der Sinn eines Lebens erfüllt. Auf die Länge des Lebens kommt es nicht an.

– *Was war dann der Lebenssinn dieses zwei Monate alten Säuglings?*
\+ Wenn ihr Menschen von Sinn sprecht, ist immer eure Ratio im Spiel. Alles muss in den Kategorien eurer menschlichen Beschränktheit beschrieben, erklärt und gelöst werden. Eins und eins ist zwei. Damit gebt ihr euch zufrieden. Das Sein aber ist weitaus mehr und entzieht sich gänzlich eurer Vernunft und eurer Sprache.

– *Denkst du nie an die Hinterbliebenen?*
\+ Nein, warum sollte ich?

– *Weil du so großes Leid anrichtest.*
\+ Ich weiß nicht, was Leid ist. Aber ich weiß, dass Leben und Leid einander bedingen. Ohne das Leben kein Leid und ohne Leid kein Leben.

– *Du hast also nie Mitgefühl?!*
\+ Mitfühlend zu sein, ist das Erstrebenswerteste für den Menschen. Für mich aber ist Mitgefühl ohne jede Bedeutung.

– *Zweifelst du denn nie?*
\+ Nein. Ein zweifelnder Tod wäre kein Tod mehr. Ich zweifle nie – und ich irre nie.

– *Du irrst nie? Dann sind also die Millionen Kriegsopfer auf Erden … richtig? Die KZ-Opfer? Die im Gulag Ermordeten? Die von Gewaltregimen Hingerichteten? Ist es richtig, dass bei Erdbeben und Flutkatastrophen Hunderttausende umkommen? Ist es richtig, dass Kinder ermordet werden? Ist es richtig …*
\+ Beruhige dich, beruhige dich. Als Mensch, als mitfühlender Mensch musst du so sprechen, das ist folgerichtig. Und dein Intellekt kann all das nicht begreifen. In meiner Welt aber gibt es kein Gut und Böse. Alles ist, was es ist. Alles ist Ausdruck des Seins. Untergang heißt auch Aufgang. Das Sterben ist genauso bedeutsam wie das Geborenwerden.

– *Das soll ich der Mutter sagen, deren Kind ermordet wurde?*
\+ Nein. Überlass das den Predigern. Diese Einsicht kann der Mensch nur empfinden, nicht verstehen. Und für die meisten ist es ein weiter Weg, zu diesem Empfinden zu gelangen.

– *Nun bin ich so schlau wie vorher. Ich spreche mit dem Tod – und er kann mir nichts erklären.*
\+ So einfach, wie du es dir vorstellst, ist es nicht. Du gebrauchst nur dein rationales Bewusstsein.
Du willst logische, für dein Denken plausible Erklärungen. Damit kommst du nicht weit.

– *Ich habe nichts anderes als meine Vernunft.*
\+ Oh, doch! Du hast viel mehr. Du hast es nur noch nicht in dir entdeckt.

– *Jetzt wirst du esoterisch. Die Vernunft hat die Menschen sehr weit gebracht. Wir säßen noch auf den Bäumen oder in Höhlen, hätten wir unsere Vernunft nicht gebraucht.*
\+ Ja, und es gäbe auch keine Atombomben. Aber du hast schon Recht. Natürlich liegt auch viel Sinn in der menschlichen Vernunft. Das Herz allerdings ist viel wichtiger.

– *Das Herz?*
\+ Nennen wir es einmal so. Nur über das Herz führen die Wege zur Demut, zum Mitleid, zur Selbstlosigkeit, zur Liebe.

– *Ich fasse es nicht. Der Tod erzählt mir etwas von der Liebe – und genau in dieser Stunde sterben auf der Welt Hunderttausende, viele davon qualvoll, leidvoll und jämmerlich.*
\+ Lass uns eine Pause machen.

Anregungen zur Weiterarbeit

1. Führen Sie das „Interview mit dem Tod" M 3 in Ihrer Lerngruppe auf. Erläutern Sie, welche Rolle Sie dabei am liebsten einnähmen (Tod, Interviewer, Zuschauer).
2. Arbeiten Sie die Themen des Interviews M 3 heraus und nehmen Sie einen begründeten Standpunkt dazu ein.
3. Formulieren Sie eine Erwiderung auf eine von Ihnen ausgewählte Antwort des Todes aus der Sicht des personifizierten Lebens.
4. Formulieren Sie eine Vermutung, weshalb der Tod am Ende des Interviews eine Pause einfordert.

M4 Una ex iis tua erit – Eine von diesen wird deine letzte sein (Vincent van Gogh, 1885/1886)

Vincent van Gogh (1853–1890) gilt als Pionier der modernen Porträtkunst. Dieses Bild malte er im Winter 1885/86 in Antwerpen/Belgien und nannte es „Schädel mit brennender Zigarette". Es ist das erste Porträtbild von Vincent van Gogh und spiegelt etwas von seinem Sarkasmus wider. Vordergründig gesehen macht er sich als Künstler lustig über die Regeln in den Antwerpener Zeichenklassen. Dort diente das Skelett als Requisit für anatomische Studien der jungen Künstler. Es war für ihn das Letzte, dass quasi das letzte, was vom Menschen übrig bleibt, junge Künstler bei ihren anatomischen Studien unterstützen sollte. Etwas, das selbst gestützt werden musste, sollte lebenden Menschen helfen, sich mit Proportionen und knochenbaulicher Genauigkeit auseinanderzusetzen. Das stand diametral entgegengesetzt zu dem Leben, das Vincent van Gogh auf die Leinwand bringen wollte. Das erloschene Leben und die noch nicht erloschene Zigarette ringen um die Aufmerksamkeit des Betrachters. Das Skelett bleibt trotz Zigarette tot. Und doch haucht ihm die Zigarette fast so etwas wie Leben ein … Damit stellt das Selbstporträt groteskerweise fast eine Art Witzfigur dar. Dabei war es gar nicht so witzig, wenn man vor Augen hat, dass Vincent van Gogh kurz zuvor beim Zahnarzt gewesen war und gerade erst sein Gesicht und Gebiss hatte attraktiver machen lassen. Seine körperliche und seelische Gesundheit war ohnehin nicht stabil. Das abstoßende Äußere äußert sich aber weniger, wenn kaum noch etwas übrig ist vom Körper. Vielleicht ist Vincent van Goghs erstes Selbstbildnis ein bissiger, unbarmherziger Kommentar zu seinem Äußeren?! Mit diesem Bild geht er jedenfalls selbst bis ins Äußerste.

M5 star(r) (2012)

Anregungen zur Weiterarbeit

1. Zum Memento mori der eigenen Hinfälligkeit gesellt sich ein Markt an Motiven rund um den Tod. Auch Handyhüllen oder Krawatten, u. a. mit dem Motiv von Vincent van Gogh, haben sich darauf längst etabliert. Nehmen Sie dazu einen begründeten Standpunkt ein.
2. Jemand meint, mit solchen Utensilien könne man junge Menschen zu Nichtrauchern machen, andere, man könne bei einer Halloween-Party damit „aufkreuzen". Führen Sie dazu eine Pro-und-Kontra-Diskussion (Methodenseite, S. 75).
3. Stellen Sie sich vor, Sie begegneten der Skulptur M5 in Wirklichkeit. Erörtern Sie, welchen Eindruck diese Person auf Sie macht. Was könnte die Person veranlassen, ihre Position zu verändern oder zu verlassen?
4. „Die Endlichkeit des Lebens in den Blick zu nehmen, ist nicht immer einfach. Gerade wenn man noch so viel vor Augen und viel im Leben vor sich hat." Bringen Sie den Titel der Skulptur M5 star(r)" damit in Beziehung. Entwerfen Sie eine Skizze, wie die Augenpartie der Figur bei der Vorstellung des Todes aussehen könnte.

M 6 An jenem Tag (Joachim Dachsel, 2000)

An jenem Tag,
der kein Tag mehr ist –
vielleicht wird Er sagen:
Was tretet ihr an
mit euren Körbchen voller Verdienst,
die klein sind wie Haselnüsse
und meistens hohl?
Was wollt ihr
mit euren Taschen voller Tugenden,
zu denen ihr gekommen seid
aus Mangel an Mut,
weil euch die Gelegenheit fehlte
oder durch fast perfekte Dressur?
Habe ich euch
davon nicht befreit?
Wissen will ich:
Habt ihr die andern
angesteckt mit Leben
so wie ich euch?

M 7 Prinzip Hoffnung (Susett Heise, 2005)

M 8 „Hope" (Kritzelbild einer Schülerin)

M 9 „Hope" (Glasverzierung in einem Krankenhaus)

M 10 Kampf mit dem Engel (nach Gen 32)

Auf
meinem
Weg
Voller
Hoffen
Und
Bangen
Hinterließ
Eine
Begegnung
Ihre
Spuren
Und
Es
War
Ein
Engel

Jakob

Anregungen zur Weiterarbeit

1. Vergleichen Sie den Text M 6 mit dem Bildnis „Schädel mit Zigarette" von Vincent van Gogh M 4: Worin ähneln sich, worin unterscheiden sich die Pointen?
2. Analysieren Sie, wie sich Form- und Farbgebung sowie Motiv zu den Titeln „Hoffnung" M 7 und „Hope" M 8 und M 9 verhalten.
3. Sie könnten eines der drei Bilder farblich verändern, z. B. durch Trauerflor-Umrandung. Erörtern Sie, inwiefern Ihre Eingriffe auch die Aussage des Bildes verändern.
4. Erörtern Sie, inwiefern M 10 zu M 7 und M 8 passt.
5. Die Fotocollage „Sehnsucht und Hoffnung" M 11 beschreibt mögliche Momente, Erfahrungen und Gegebenheiten von Hoffnung. Wählen Sie ein Motiv aus und entwerfen Sie einen Hoffnungstext dazu. Stellen Sie Ihrem Tischnachbar/Ihrer Tischnachbarin ein Hoffnungsbild/-motiv aus Ihrem Alltag vor.

M11 „Sehnsucht und Hoffnung“ (Fotocollage)

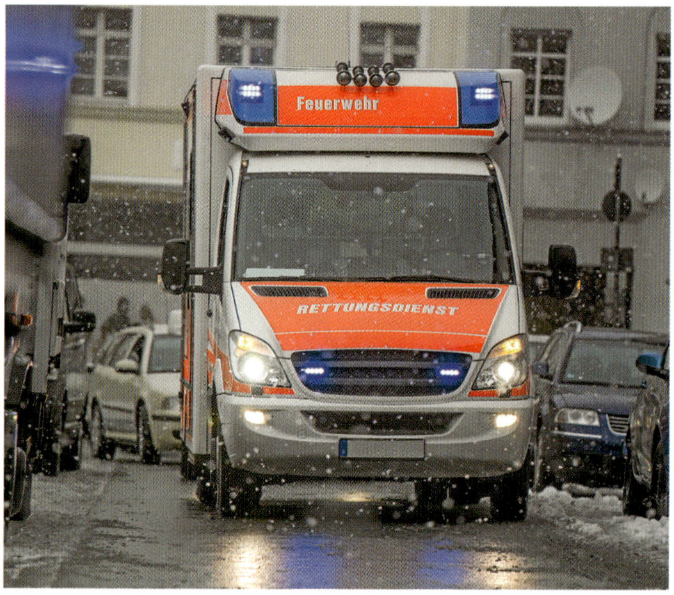

M 12 Wenn sich über Nacht alles ändern kann ...

Von jetzt auf gleich, ein auf das andere Mal, stehen sie vor einer alles verändernden Situation. Eine Nachricht reicht – und das Leben stellt sich anders dar.
Das kann verzweifeln lassen, ohnmächtig machen und frustriert. Nichts scheint mehr, wie es vorher war. Man versteht die Welt nicht mehr und muss einen neuen Stand finden, einen neuen Standpunkt:
Wo stehe ich jetzt?
Wie stehe ich augenblicklich da?
Wer versteht mich überhaupt?
Dieses Gefühl und diese Fragen erleben junge Menschen ähnlich wie Erwachsene, manchmal sogar besonders intensiv. Sie suchen nach eigenen Wegen, damit umzugehen. Sie erinnern sich unwillkürlich an Erlebtes, Erfahrenes und Erlittenes: wie gingen Erwachsene mit dem Unverhofften, mit dem Leid, mit dem Abschiedsschmerz um? Sie forschen danach, was für sie brauchbar ist und was sie in jedem Fall anders machen wollen. Bloß keine „08/15-Trauer". Das alles passiert nicht von jetzt auf gleich oder logisch durchdacht in klaren Schritten. Vielmehr geschieht es in Phasen, in einem Wechselspiel, in einem Hin und Her.

Was Erwachsene schon oftmals erlebt haben, ist für junge Menschen irgendwann das erste Mal. Sie benötigen nunmehr eine Adresse, einen Raum, einen Freiraum für ihre Gefühle, Gedanken und Fragen. Und auch für ihren Schmerz, für die Verwundung ihres Weltbildes und Selbstbildes. Der Tod ist ja nicht einfach zu verkraften oder mit ein paar Floskeln zu erledigen. Und was für den einen gut ist, kann für die andere Person grausam sein. Jeder Mensch trauert anders und anders intensiv. Jeder Tod ist für jeden Menschen ein anderer.

Bei jungen Menschen trifft der reale Tod immer besonders tief – insbesondere, wenn sie den Tod Gleichaltriger vor Augen haben. Sie fallen aus einem heiteren „Spaß-Himmel" in ein ausweglos schwarzes Loch von Leere, Nacht und Angst. Daher sind zumeist „Gegen-Symbole" zu diesen Schattenseiten des Lebens für junge Menschen wichtig, etwas, das in der runterziehenden Realität die Gegenseite ins Spiel bringt. An Straßenrändern fallen da besonders ins Auge:
Kreuze,
Kerzen,
Blumen,
Bilder.

An diesen Gedenkmälern am Rande der Straßen konzentriert sich oft über Monate und Jahre die Trauer: An diesem Ort entschied sich das Schicksal gegen die verunglückte Person. An dieser Stelle begann das Ende eines Menschenlebens. Nicht selten setzt unmittelbar nach Bekanntwerden eines Unglücks eine Art Wallfahrt zur Unfallstelle ein. Viele gehen auch nach der Beerdigung fast ausschließlich nur an diese Unfall(gedenk)stätte, pflegen und hegen sie. Die verstorbene Person soll nicht so schnell vergessen werden. Und andere sollen daran erinnert werden, wie schnell an so einer Stelle das Leben ausgehaucht werden kann. Hierbei wird auch so etwas wie Wut und Schuldzuweisung rausgelassen. *Junge Menschen sind dankbar, wenn ihnen ein Raum gegeben wird, wo sie das rauslassen können, was sie selbst wichtig finden.* Das wollen sie *selbst* machen, aber eben nicht alleine, nicht ohne Begleitung oder Impulse von Erwachsenen. So eine Möglichkeit kann eine Beteiligung bei der Trauerfeier oder sogar eine eigene Gedenkfeier sein. Oder ein Brief, ein Lied, ein paar Zeilen, ein Schweigen, ein Symbol, ein Bild, ein Gedicht, eine Erinnerung, ein Baum, eine Blume oder auch eine offizielle Todesanzeige, die ganz unterschiedlich aussehen kann und darf. Entscheidend ist: *Was brauchen junge Menschen angesichts des Todes für ihr Leben?*

M 13 Mein Kreuz am Weg

Anregungen zur Weiterarbeit

1. Visualisieren Sie den Text M 12 und formulieren Sie vier Thesen zum Umgang junger Menschen mit dem Tod.
2. Benennen Sie die Punkte, an denen Sie den Aussagen des Textes M 12 zustimmen. Erläutern Sie, wo der Text von Ihren eigenen Erfahrungen oder Vorstellungen abweicht.
3. Zum Memento mori gesellen sich neben Kreuzen am Weg auch Gedenkmäler an Straßenrändern M 13. Führen Sie eine Pro-Kontra-Diskussion (Methodenseite, S. 75) zum Für und Wider solcher öffentlicher Orte des Gedenkens.

M14 Cloud: We could go up, up, up – Abschiedslied eines krebskranken Jugendlichen (2012)

Bei Zach Sobiech wurde im Alter von 14 Jahren ein Osteosarkom entdeckt, ein bösartiger Knochentumor. Nach drei Jahren stand fest, dass Zach Sobiech nach ärztlicher Einschätzung nicht mehr lange leben würde. Abschiedsbriefe lagen ihm nicht. Seine Leidenschaft für seine Freundin Amy und für das Gitarrespielen mündeten in das Lied „Cloud". Schon bald bekamen auch andere das Lied mit. Seit Advent 2012 berührt es über die Internet-Plattform YouTube Millionen Menschen und bewegt sie unentwegt zu Beiträgen oder Kommentaren, wie beispielsweise diesen: „Gott hat einen Engel auf die Erde geschickt, um uns eine Nachricht zu überbringen. Gott segne dich."

Cloud (Zach Sobiech)
Well I fell down, down, down
Into this dark and lonely hole
There was no one there to care about me anymore
And I needed a way to climb and grab a hold of the edge
You were sitting there holding a rope

And we'll go up, up, up
But I'll fly a little higher
We'll go up in the clouds because the view is a little nicer
Up here my dear
It won't be long now, it won't be long now

When I get back on land
Well I'll never get my chance
Be ready to live and it'll be ripped right out of my hands
Maybe someday we'll take a little ride
We'll go up, up, up and everything will be just fine

And we'll go up, up, up
But I'll fly a little higher
We'll go up in the clouds because the view is a little nicer
Up here my dear
It won't be long now, it won't be long now

If only I had a little bit more time
If only I had a little bit more time with you

We could go up, up, up
And take that little ride
And sit there holding hands
And everything would be just right

And maybe someday I'll see you again
We'll float up in the clouds and we'll never see the end
And we'll go up, up, up
But I'll fly a little higher
We'll go up in the clouds because the view is a little nicer
Up here my dear
It won't be long now, it won't be long now

Zach Sobiech bei einem Konzert 2013

Anregungen zur Weiterarbeit

1. Recherchieren Sie zu Zach Sobiech (* 3.5.1995 in Minnesota, † 20.5.2013 in Minnesota).
2. Übersetzen Sie den Text des Liedes M 14 und interpretieren Sie „Cloud" als musikalisches Gesamtkunstwerk.
3. Nehmen Sie Stellung zu folgenden Fragen und formulieren Sie schriftlich Ihre Antworten:
   - Was würden Sie tun, wenn Ihnen das Ende des Lebens eines Ihnen nahestehenden Menschen unmittelbar vor Augen stünde?
   - Welche Form des Abschieds würden Sie wählen? Was wäre Ihnen dabei wichtig?
4. Entwerfen Sie posthum eine E-Mail an Zach Sobiech oder einen Kommentar für seinen YouTube-Kanal.
5. *Herr, lehre uns bedenken, dass wir sterben müssen, auf dass wir klug werden (Psalm 90,12).* Interpretieren Sie diesen Satz aus den Psalmen, indem Sie Menschen in ihren verschiedenen Lebensphasen darstellen und Konfrontationen mit dem Tod symbolisch dazu platzieren.

M 15 Ein Brief an den Tod (Dorothee Sölle, 2003)

Den folgenden Text schrieb die umstrittene evangelische Theologin Dorothee Sölle (1929–2003) in ihrem letzten Buchmanuskript. Ihre Familie veröffentlichte es gänzlich unverändert nach ihrem Tod unter dem Titel „Mystik des Todes". Mit der „großen Liebe", dem „Lache- und Weine-Partner" meinte sie ihren Ehemann, den Theologen Fulbert Steffensky (1927).*

Dear Mr. Death,
Sehr geehrter Herr Tod,

ich kenne Ihre Adresse nicht, weiß aber, dass Sie über eine ungeheure Anzahl von Angestellten, Bediensteten und gut bezahlten Beratern in Ihrem erfolgreichen Unternehmen verfügen. Ich habe eine Bitte an Sie und wünsche mir, dass Sie diese Nachricht durchlesen und an einen Zuständigen weitergeben.

Seit über dreißig Jahren lebe ich in einer großen Liebe. Ich habe keine Angst vor Ihnen, Mr. Death, eher Angst vor den vielen Schläuchen und Leitungen im Krankenhaus, die Sie abzuhalten oder aufzuschieben versuchen.

Ich bin mit dem „Meister aus Deutschland" aufgewachsen und weiß einiges über die „schwarze Milch der Frühe", die heute vorbereitet wird.[1] Es ist mir bewusst, dass wir nach Ihrer Pfeife zu tanzen haben, und ich, in viele Kämpfe gegen Ihre Angestellten verstrickt, fürchte mich nicht. Was ich fürchte, ist das Alleingelassen werden, wenn mein Lache- und Weine-Partner von mir fort muss. Ich bin mir zwar ziemlich sicher, dass ich in diesem Fall Ihnen entgegenkommen würde, mit allen mir zur Verfügung stehenden Mitteln. Aber es wäre anders, wenn wir beide zusammen gehen könnten. Mein Partner weiß, dass ich vor seinem Abgang mehr Angst als vor meinem habe. Er ist fähig, sich zu wünschen, dass er etwas länger bleibt. Bei dieser Prüfung versage ich. Ich kann es mir einfach nicht wünschen – und Sie wissen selbstverständlich, dass Wünschen ein anderes Wort für Beten ist. Vielleicht ist seine Liebe größer als meine, obwohl ich das nicht gern zugebe.

Manchmal vermute ich, dass Liebe – falls wir wissen, was wir mit diesem Wort sagen – das Einzige ist, wovor Sie Respekt haben. In diesem Sinn möchte ich Sie bitten, uns nicht zu trennen.

Anmerkung
1 Die Bezeichnungen des Todes als ein „Meister aus Deutschland" und als „schwarze Milch der Frühe" sind Metaphern aus dem Gedicht „Die Todesfuge" (1948) von Paul Celan, ein Gedicht über das Grauen der Judenvernichtung im nationalsozialistischen Deutschland.

M 16 Bruder oder Schwester Tod (Franz von Assisi, wahrscheinlich um 1225)

Laudato si, mi signore, per sora nostra morte corporale,
da la quale nullu homo vivente pò skappare.
Guai acquelli, ke morrano ne le peccata mortali:
beati quelli ke trovarà ne le tue sanctissime voluntati,
ka la morte secunda nol farra male.

Laudate et benedicete mi signore,
et rengratiate et serviateli cum grande humilitate.

Gelobt seist du, mein Herr, durch unsere Schwester[1],
den leiblichen Tod;
ihm kann kein lebender Mensch entrinnen.
Wehe jenen, die in schwerer Sünde sterben.
Selig jene, die sich in deinem heiligsten Willen finden,
denn der zweite Tod wird ihnen kein Leid antun.

Lobt und preist meinen Herrn
und sagt ihm Dank und dient ihm mit großer Demut.

Anmerkung
1 Die Wortwahl „Schwester" ist die wörtliche altitalienische Übersetzung. Es ist auch richtig, mit „Bruder" zu übersetzen.

Anregungen zur Weiterarbeit

1. Erörtern Sie, inwiefern es eine Rolle spielt, ob der Schöpfer (M 16) oder der Tod (M 15) der Adressat der Gedanken über den Tod ist.
2. Entwerfen Sie wahlweise einen Brief an „Mr. Death" oder an Gott und formulieren Sie Ihre Gedanken, Fragen usw. unter Einbeziehung Ihrer bisherigen Erkenntnisse zu eschatologischen Fragen und Fakten.
3. Interpretieren Sie M 17 im Hinblick auf das darin ausgedrückte Todes- und Daseinsverständnis.
4. Sie entdecken an einem Briefkasten den Aufkleber M 18 – beschreiben Sie Ihre Reaktion.
5. Erläutern Sie anhand von M 19 den Zusammenhang von Beichte, Hoffnung, Bekenntnis und Würde.
6. Fassen Sie Ihr Textverständnis von M 20 in einem grafischen Konspekt zusammen (Methodenseite, S. 76).

M17 Was wir so fest in Händen halten (Manfred Siebald, 1983)

Was wir so fest in Händen halten,
das ist uns alles nur von Gott geliehn.
Wir dürfen es verwalten
und dürfen es gestalten
und geben es zurück an ihn.

Das Leben sieht ganz anders aus,
wenn wir mit Gottes Augen sehn.
Wir lernen anders mit der Welt
und mit uns selber umzugehn.

Womit wir voreinander prahlen,
das bringt uns alles doch vor Gott nicht weit.
Durch unsre glatten Schalen,
aus Titeln und aus Zahlen,
schaut er in unsre Einsamkeit.

Das Leben sieht ganz anders aus,
wenn wir mit Gottes Augen sehn.
Wir lernen anders mit der Welt
und mit uns selber umzugehn.

Die Menschen, die uns nicht behagen,
die sind von Gott geliebt, von Gott begehrt.
Er ließ sich für sie schlagen;
wie können wir es wagen,
zu tun, als seien sie nichts wert.

Das Leben sieht ganz anders aus,
wenn wir mit Gottes Augen sehn.
Wir lernen anders mit der Welt
und mit uns selber umzugehn.

M18 Briefkasten-Aufkleber

M19 Karl May – Gottes Gericht und Gnade (Reiner Andreas Neuschäfer, 2013)

Auf den ersten hundert Seiten seiner Erzählung „Old Surehand" bringt Karl May eine 90-jährige Person ins Spiel, die früher einmal „König der Cowboys" genannt worden war und die im Eigentlichen die Titelfigur des Buches ist: Old Wabble, ein Begleiter Old Surehands. Nach und nach kommt heraus, wer eigentlich hinter dieser undurchsichtigen, zynischen Gestalt steckt. Dabei kollidieren die Ansichten Old Wabbles immer wieder mit dem christlichen Glauben Old Shatterhands und es kommt in ihren Gesprächen immer wieder zu Konfrontationen und Klarstellungen. In diesen Diskussionen spielt die Rede vom „Jüngsten Gericht" und die Frage der Heilsgewissheit eine entscheidende Rolle. Allerdings kommt es bei diesem Diskurs nicht zu einer Annäherung oder Veränderung der Standpunkte.
Erst angesichts einer tödlichen Verletzung tritt (nicht nur) bei Old Wabble eine Wende ein, die von Karl May sehr differenziert veranschaulicht wird.
Old Wabble kann dabei als Abbild des gewalttätigen Vaters von Karl May, Heinrich August May (1810–1888), betrachtet werden, der so nach und nach seine Macht verliert und Ohnmacht angesichts des Allmächtigen spürt:[1] „Ich habe Gott geleugnet und über ihn gelacht; ich habe gesagt, dass ich keinen Gott brauche, im Leben nicht und im Sterben nicht. Ich Unglücklicher! Ich Wahnsinniger! Es gibt einen Gott; es gibt einen; ich fühle es jetzt! Und der Mensch braucht einen Gott; ja er braucht einen! Wie kann man leben und wie sterben ohne Gott!" (III, 497 f.) Mit der Rückkehr zu Gott kann der reuige Old Wabble auch die verloren geglaubte Liebe seiner Mutter zulassen, sodass die Heimkehr ins Vater(!)-haus (Lk 15; III, 498) zugleich eine Hinwendung der Mutter wird: „Ich schlief jetzt einen langen, langen, tiefen Schlaf und sah im Traum mein Vaterhaus und meine Mutter drin, die ich beide hier nie gesehen habe. Ich war bös, sehr bös gewesen und hatte sie betrübt, so träumte mir; ich bot sie um Verzeihung. Da zog sie mich an sich und küsste mich. Old Wabble ist nie im Leben geküsst worden, nur jetzt in seiner Todesstunde." (III, 499)

Die Schilderung von Old Wabbles letzten Lebensmomenten zeigt den Unterschied zwischen einer existentiellen und einer bloß rationalen Rede vom Gericht Gottes auf.
Der sonst nicht gerade zum Schwören neigende Old Shatterhand versichert dem sterbenden Verbrecher hoch und heilig, dass es tatsächlich einen Gott gibt. Hier ist eindringlich zu spüren, dass das explizit Karl Mays eigener Glaube ist, der da aus Old Shatterhand spricht. Und das „doch – doch – doch – doch!" wird besonders eindrücklich hervorgehoben, da mit jedem „doch" der Gedankenstrich vermehrt wird und entsprechend die Pausen (Atempausen?).
Für Peter Zimmerling liegt besonders in der Beichte „die Chance, Schulderkenntnis und Schuldbekenntnis als Zeichen der Würde des Menschen wiederzuentdecken. […] Sie gibt dem Menschen anders als manche therapeutischen Ansätze seine Verantwortlichkeit zurück und trägt damit zur Stärkung seines Selbstwertgefühls bei. […] Das Bekenntnis zu eigenem schuldhaften Handeln führt psychologisch gesprochen zur Integration verdrängter Persönlichkeitsanteile, stellt mithin einen Akt der Reife dar."[2]

Anmerkungen

1 Für eine Identifikation von Old Wabble mit Mays Vater Heinrich August spricht schon die Bedeutung des Namens: Wabble/Wäbbel, die mit Weber gleichzusetzen ist. Auch sonst sprechen die Charakterzüge Old Wabbles, seine Unberechenbarkeit und seine Machtmethoden, für die Nähe der Figur zu Mays Vater.
2 Peter Zimmerling: Die Bedeutung der Einzelbeichte (…), in: Karl-Hermann Kandler (Hg.): Das Bekenntnis der Kirche zu Fragen von Ehe und Kirche, Neuendettelsau 2011, S. 58–74, hier 71 f.

M 20 Der Himmel, der kommt, grüßt die Erde, die ist (Kurt Marti) – Hoffnung ist schön (Fulbert Steffensky, 2010)

Etwas schön zu finden, ist die erste und vielleicht kräftigste Verlockung zum Glauben. Diese Schönheit lehrt mich, unzufrieden zu sein mit der unterernährten Vernunft, die nur sagt, was zu sagen ist. „Gott erlöst sein Volk" – diesen Satz kann die Vernunft nicht sagen. Es ist auch nicht ihre Sache, ihn zu sagen. Es ist Sache der Hoffnung der gequälten Wesen, die verlangen, erlöst zu werden aus ihrer Qual.
Ich greife nicht die Vernunft an, aber die Vernünftigen, die den Kopf schütteln vor der Unvernunft all derer, die sich in ihren Jammertälern herumtreiben. Man kann die Atheisten verstehen, die aus Verzweiflung am Leben und daran, was ihm angetan wird, den Namen Gottes nicht mehr nennen können. Sie haben ja einigen Grund für ihre Haltung. Schwer nur kann ich die verstehen, die […] gut im Leben davon gekommen sind und in schmerzensfreier Rede sich darauf beschränken, zu sagen, was zu sagen ist. Über ihre „trockene Tapferkeit" spotte ich mit Gottfried Keller:

„Seines [des liberalen Pfarrers] Schilderungen konnte dann die unvermählt gebliebene Greisin entnehmen, dass wir in unseren Kindern und Enkeln fortleben; der Arme im Geist getröstete sich der unsterblichen Fortwirkung seiner Gedanken und Werke. […] Der Mühselige und Beladene endlich durfte auf ein durchgreifendes Ausruhen von aller Beschwerde hoffen." (Die Leute von Seldwyla)

Das eigene Herz ist zu klein für die Hoffnung auf die endgültige Bergung des Lebens. Man muss Zeugen haben. […] Ich versuche, meinen Glauben an Gott zu nennen, und ich stelle fest, dass ich dies dauernd in fremder Sprache tue. Ich zitiere Jesaja, wenn ich auf das Land hoffe, „aus dem die Seufzer geflohen sind". Ich zitiere die Apokalypse, wenn ich behaupte: „Der Tod wird nicht mehr sein, noch Leid, noch Geschrei, noch Schmerz." Man sucht sich Zeugen für die Hoffnung. Der Glauben geht Umwege, er glaubt nicht hauptsächlich „etwas". Glauben heißt, den Zeugen ihren Glauben zu glauben. Welch ein Glück, dass ich eine Fremdsprache für meinen Glauben habe! In der fremden Sprache, in den Geschichten und den Bildern von gestern berge ich meinen Glauben unter der Maske der Toten. Ich stehe nicht allein, nicht einmal für meinen Glauben. Ich benutze die Sprache meiner lebenden und toten Geschwister, und ich benutze damit auch ihren Glauben. In den Formeln und in der fremden Sprache der Zeugen springe ich weit hinaus über mein eigenes Sprachvermögen. Ich spiele den Clown in der Sprache der anderen, und ich lese die Hoffnung ab von ihren Lippen. Wie buchhalterisch ist das Bestehen darauf, alles vor dem „eigenen Gewissen" allein verantworten zu wollen. Mein Herz verantwortet nicht die Sprache, die die Auferstehung der Toten und den Sturz der Tyrannen nennt. Oft genug spricht man die fremden Sätze gegen das eigene Herz.
Ja, ich kenne den Einwand: Die Hoffnung auf jene endgültige Stadt und auf Gott, der […] erlöst, ist eine Vertröstung, die den Augenblick entwichtigt und die Kraft für die Gegenwart verschleudert. Aber es ist auch an der Zeit zu überlegen, was die Sprachlosigkeit anrichtet und was eine Sprache anrichtet, die das Elend beschreibt; die aber das Lied „Einmal wird es sein!" nicht mehr kennt. Wünsche und Hoffnungen sterben, wenn sie sich in eine zu kurze Sprache ducken müssen. Die Sprache der Liebe und die Sprache des Schmerzes nehmen den Mund immer zu voll. Aber wehe, wenn sie bescheiden werden und die Unsäglichkeiten vermeiden! Der Tod darf nicht das letzte Wort haben, sonst wäre er größer als Gott. Die Toten drängen mich, an Gott zu glauben. Die Opfer fordern Versprechungen, die größer sind, als mein Herz wissen und vertreten kann. Da ich niemanden Opfer sein lassen will, nicht einmal mich selber, rufe ich: Gott wird die Toten nicht vergessen. Es wird ein Land kommen, aus dem die Seufzer geflohen sind und in dem jeder seine Sprache und seinen Gesang gefunden hat. *Nein, es ist mir zu wenig, dass Gott keine anderen Hände hat als die unseren und kein größeres Herz als das unsere.* Ich lese in der Zeitung, dass in Hamburg ein Kind ermordet wurde. Nein, ich lasse Gott nicht davonkommen. Er soll für das ungelebte Leben und den schrecklichen Tod des Kindes stehen. Er soll seine Tränen abwischen und ihm sein Lachen zurückgeben. So wahr es ist, dass Gott selber in die Hände der Räuber gefallen ist in allen Gestalten der Armut, die sich auf der Welt herumtreiben, so wahr ist – ich behaupte es, und ich verlange es! –, dass Gott alle Wunden heilen und die Toten erwecken wird. Ich setze darauf, und ich kümmere mich nicht darum, dass ich die Wette verlieren kann. Ich weiß, dass ich in unverstandenen Bildern rede, wenn ich mit der Bibel sage: „Gott wird abwischen alle Tränen von ihren Augen, und der Tod wird nicht mehr sein, noch Leid noch Geschrei noch Schmerz wird sein; denn das Erste ist vergangen." Die Toten und ihr Schicksal öffnen mir den Mund für diesen Gesang, der mit seiner Vision vom guten Ausgang allen Lebens wie Kitsch klingt. Aber lieber des Kitsches verdächtigt sein, als die Solidarität mit den Opfern aufgeben. Die Solidarität mit den Opfern erlaubt mir kein Schweigen und sie öffnet mir den Mund, zu sagen, was man nicht sagen kann: dass keine Träne umsonst geweint ist und keine Wunde ungeheilt bleibt. Wie und wo dies wahr wird, weiß ich nicht. So sagt es Karl Rahner: „Es gilt, alle Aussagen über Gottes neuen Himmel und neue Erde immer wieder hineinfallen zu lassen in die schweigende Unbegreiflich Gottes." (Orientierung 48 (1984). Wir kommen nicht umhin, uns Bilder zu machen von den Orten der Bergung. Denn die Hoffnung kommt nicht ohne Bilder aus. Zugleich muss man wissen, dass unsere Bilder Bilder sind und wie alle theologischen Aussagen im Bilderverbot gerichtet werden. Gott weiß, wo er unsere Tränen sammelt, und dies genügt. Und noch einmal die Frage: *Ist der Glaube an die Bergung allen Lebens in der Hand Gottes nicht ein Verrat der Erde?* Es ist ein Verrat, wenn der Himmel nicht zur regulativen Idee für die Erde selbst wird. Ich zitiere ein Lied des Schweizer Theologen Kurt Marti:

Der Himmel, der ist, ist nicht der Himmel der kommt,
wenn einst Himmel und Erde vergehen.
Der Himmel der kommt, das ist der kommende Herr,
wenn die Herren der Erde gegangen.
Der Himmel der kommt, das ist die Welt ohne Leid,
wo Gewalttat und Elend besiegt sind.

Der Himmel der kommt, das ist die fröhliche Stadt und der
Gott mit dem Antlitz des Menschen.
Der Himmel der kommt, grüsst schon die Erde, die ist,
wenn die Liebe das Leben verändert.

Der Himmel, der kommt, wird zum Bauplan der Welt, die ist. Er ist nichts völlig Anderes, er ist die Musik, die hier schon gespielt werden soll. Es soll im Himmel wie auf Erden sein und auf Erden wir im Himmel. Gottes Wille soll geschehen im Himmel wie auf Erden, wie die Bitte des Vaterunsers sagt. Himmel heißt nicht nur, eine Herkunft haben, es heißt nicht nur eine Zukunft haben. Es heißt, eine Arbeit auf der Erde zu haben. Die große Würde des Menschen: er ist nicht nur nacktes Spatzenjunges, das den religiösen Schnabel aufsperrt und auf die tägliche Gnadenfütterung Gottes wartet. Der Mensch ist Mitarbeiter und Koautor des Himmels; er ist Autor des Trostes, der Gerechtigkeit und des Friedens dieser Welt. Der Glaube an die Herkunft von diesem Gott bedeutet die Unerträglichkeit des Todes, nicht nur am Ende des Lebens. Es heißt, die falschen Tode nicht hinnehmen, die Menschen angetan werden mitten im Leben. Die falschen Tode: der Hunger der Menschen, der ihnen das Leben nimmt, ihre Armut, ihre Folterqualen, ihre Stummheit und ihre Zukunftslosigkeit. Der Himmel der kommt, soll herein brechen in diese Welt, die ist. Man kann nicht an jenen Himmel glauben und sich zugleich mit gewaltsamen Toden abfinden.
Man kann nicht an die Auferstehung glauben, und das eigene Land zugleich zu Tode rüsten.
Man kann nicht an die Auferstehung glauben, und zugleich das Klima kaputt machen, das das Leben der Kinder und der Enkel gefährdet.
Das ist nicht eine Moral, die folgert aus den Sätzen der Güte Gottes, sondern es sind Glaubenssätze selber: Du Mensch bist gewürdigt, Gott zu trösten in seinen Gestalten der Verlorenheit, im gefolterten Mann, in der vergewaltigten Frau, in den hungernden Kindern. Ich zitiere ein anderes Lied von Kurt Marti:

Das könnte den Herren der Welt ja so passen,
wenn erst nach dem Tod Gerechtigkeit käme,
erst dann die Herrschaft der Herren,
erst dann die Knechtschaft der Knechte
vergessen wäre für immer.
Das könnte den Herren der Welt ja so passen,
wenn hier auf der Erde stets alles so bliebe,
wenn hier die Herrschaft der Herren,
wenn hier die Knechtschaft der Knechte
so weiterginge wie immer.
Doch ist der Befreier vom Tod auferstanden,
ist schon auferstanden und ruft uns jetzt alle
zur Auferstehung auf Erden,
zum Aufstand gegen die Herren,
die mit dem Tod uns regieren. [...]

Der englische Schriftsteller Clive Staples Lewis schreibt sich in einem kleinen Buch die Trauer über den Tod seiner Frau von der Seele und darin folgende Sätze: „Sprecht mir von der Wahrheit der Religion [...] Aber kommt mir nicht und sprecht von den Tröstungen der Religion." Tröstet der Glaube? Er nimmt jedenfalls nichts vom Schmerz. Gott sei Dank! Er wäre sonst Vertröstung. Der Tod ist eine große Unverschämtheit und ein erbarmungsloser Zerstörer. Er zerstört den Leib. Er schneidet die Fäden durch, die Menschen miteinander verbunden haben. Meine Frau, die viele von Ihnen auf den Kirchentagen gehört haben, ist vor 7 Jahren gestorben. Nie mehr wird die Geliebte meine Hand halten. Nie mehr werden wir zusammen die Zauberflöte hören, nie mehr werden wir miteinander Wein trinken. Dieses irdische Leben mit seiner Köstlichkeit ist abgeschnitten und ruiniert. Warum das so sein muss, weiß ich nicht. Es soll mir keiner sagen, der Tod sei der Sünde Sold. Das wäre zu viel bezahlt für das bisschen Sünde. Ich will keine billigen Tröster und keinen billigen Trost. Als meine Frau gestorben war und als es viele Gedächtnisfeiern für sie gab, haben mir manchmal Menschen gesagt: „Wir haben ganz deutlich gespürt, dass Dorothee unter uns war." Ich gestehe, ich habe bisher nur ihre Abwesenheit gespürt. Es gibt also die einen billigen Tröster, die sofort und umweglos mit religiösen Lösungspatenten kommen. Es gibt andere billige Jakobs, die puren Aufklärer. Sie sagen, dass der Tod nicht so fürchterlich sei; dass alles seine Zeit habe; dass es zwar kein persönliches Fortleben gäbe, aber dass alles Leben einginge in den allgemeinen Kreislauf der Natur und dass man da ganz gut aufgehoben sei. Die erste Antwort ist mir zu rasch und zu versöhnlerisch, die zweite zu bescheiden. Was also? Gibt es eine andere Lösung? Ich weiß nicht, ob es eine Lösung ist, aber ich beharre auf einem biblischen Versprechen. Ich beharre auf dem Versprechen, das die Auferstehung Christi für uns bedeutet. Einmal wird der Tod nicht mehr sein, ist versprochen. Einmal werden Schmerzen und Seufzer geflohen sein, ist versprochen. Einmal werden die Toten leben, ist versprochen. Einmal wird Gott alles in allem sein, ist versprochen. Weil ich niemanden aufgeben will, wiederhole ich diese alten Behauptungen. Weil ich die Opfer nicht Opfer sein lassen kann, sage ich, dass der Tod entmachtet ist – jetzt schon. Weil die Liebe sich vom Geliebten nicht trennen lässt, singe ich mit dem Lied: „Trutz, Tod, komm her, ich fürcht dich nit!" Doch, ich fürchte den Tod, den Tod derer, die ich liebe. Und zugleich mache ich mich widersprüchlich und singe das alte Lied vom Tod des Todes. Ich glaube, ich würde das Lied von der Überwindung des Todes singen, auch wenn ich es nicht glaubte. Ich bin es der Liebe zu den geliebten Menschen schuldig. Ich bin es vielleicht auch meiner eigenen Würde schuldig, dem Tod nicht das letzte Wort zu lassen. Wo suche ich dann meine Toten, die ich nicht verloren gebe? Ich suche sie in Gott. Was aber sage ich mit diesem Satz? Ich weiß es selber nicht, aber ich werde ihn sprechen, und sei es aus Trotz. Was ich hier bildlos sage, haben sich Menschen immer wieder in Bildern ausgemalt. Es sind meistens Bilder, die das Gegenteil von dem behaupten, was Menschen im mühseligen irdischen Leben erfahren haben. Die Toten ruhen, sie haben keine Schmerzen mehr, ihre Tränen sind getrocknet. In dem zitierten mittelalterlichen Lied heißt die letzte Strophe:

Wann Sichel mich letzet,
so wird ich versetzet
In den himmlischen Garten,
darauf will ich warten.
Freu dich, schöns Blümelein!

Die Hoffnung kommt nicht ohne Bilder aus. In diesem Lied ist der Ort der Toten der Garten des Friedens. Es sind Bilder, es sind keine Fotografien, es sind Flüge der Hoffnung. Ich habe nichts dagegen, dass sich Menschen ausmalen, was es heißen kann, dass unsere Toten in der Hand Gottes geborgen sind. Nur eines muss der wissen, der ein Bild gebraucht: Es ist der Realität eher unähnlich als ähnlich. Nicht dass diese Bilder zu viel behaupten. Sie sagen zu wenig. Denn wir werden nie erfassen und entschlüsseln, was es heißt, im Schoße Gottes geborgen zu sein.

Ein Bild allerdings leuchtet mir nicht ein. Es ist das von der schmerzensfreien Glückseligkeit unserer Toten. Wie Christus leidet bis zum Ende der Welt im Leiden aller Leidenden, so kann ich mir nicht vorstellen, dass die Toten unberührt sind vom Schmerz der Welt. Die Liebe lässt sich nicht trennen von den Schmerzen der anderen. Vielleicht ist der Schmerz der Toten reiner als der unsere. Vielleicht gilt für sie, was von allen Mystikern gilt: Sie sind traurig und glücklich in einem. Sie teilen das Glück Gottes und seinen Schmerz. Wo suche ich also meine Toten? Im Glück und im Schmerz Gottes. Mehr muss ich nicht wissen. Ich sage es noch einmal: Gott weiß es, und das genügt.

M 21 Einfach himmlisch ...! (Micha 4,3)

Und er wird richten zwischen vielen Völkern und Recht sprechen mächtigen Nationen bis in die Ferne. Und sie werden ihre Schwerter zu Pflugmessern umschmieden und ihre Speere zu Winzermessern; kein Volk wird gegen ein anderes Volk das Schwert erheben, und sie werden den Krieg nicht mehr lernen.

M 22 german panther (Hans Hemmert, 2007)

M 23 Als der Krieg aus war (Wolfgang Borchert, 1956)

Als der Krieg aus war,
kam der Soldat nach Hause.
Aber er hatte kein Brot.
Da sah er einen,
der hatte Brot.
Den schlug er tot.

Du darfst doch keinen totschlagen,
sagte der Richter.

Warum nicht,
fragte der Soldat.

M 24 „Papa, träumst du manchmal auch von einer Welt ohne Krieg und Kämpfe?" (Hägar-Comic, 1973)

Anregungen zur Weiterarbeit

1. Setzen Sie sich mit M 21 bis M 24 auf Basis Ihrer bislang erarbeiteten eschatologischen Fragen und Fakten oder unter Zugrundelegung von M 20 auseinander.
2. Gestalten Sie eine Fortsetzung des Hägar-Comics M 24 durch das Hinzufügen einer Antwort des Jungen (Hamlet) oder der Mutter (Helga), die das Gespräch nebenbei verfolgt hat.
3. Entwickeln Sie aus der in M 25 dargelegten Position Dietrich Bonhoeffers Perspektiven für das Leben eines Christen und informieren Sie sich über die Konsequenzen, die das Leben Dietrich Bonhoeffers selbst aufzeigt.

M 25 Heiligung als Ausrichtung der Gemeinde auf den Tag Christi (Dietrich Bonhoeffer, 1937)

Das Ziel von Heiligung ist das Heiligbleiben: das Heiligsein der Gerechtfertigten zur Errettung der Gemeinde am Tage Christi. Heiligung „hat ihr Ziel […] darin, […] vor dem Herrn bestehen zu können" (N 291).[1] Die kraft der Rechtfertigung Heiligen […] sollen wirklich heilig sein. In diesem Zusammenhang sind nun […] zwei weitere Aspekte zu nennen, die Bonhoeffers „Nachfolge"-Theologie kennzeichnen: das *Verhältnis von Werken und Gericht* sowie das Motiv der *Reinheit*. Die Verbindung von Werken und Gericht, von Werken und Heil des Menschen wurde bei Bonhoeffer mit dem Begriff der „besseren Gerechtigkeit" angesprochen. „Wer diese bessere Gerechtigkeit" nur im Gebundensein an Christus, in seiner Gemeinschaft, in der Existenz des Glaubens gibt, zugleich aber die Nachfolge nur im Tun wirkliche Nachfolge ist. Allein unter Berücksichtigung dieser christologischen Voraussetzungen können Bonhoeffers Aussagen nachvollzogen und theologisch adäquat – und nicht als Ausdruck neuer Werkgerechtigkeit – verstanden werden, die in den letzten Seiten der „Nachfolge" über die Worte der Jünger und ihre Bedeutung für das Gericht am Tag Jesu Christi gemacht werden; unter Vernachlässigung jener Argumentation würden sie als vollkommenes Zurückgehen hinter „Luthers Erkenntnis von der reinen, teuren Gnade" (N 35), d.h. als Zurückgehen hinter Luthers *Wiederentdeckung* des sola gratia, erscheinen: der Herr wird nach den Werken richten und die Person nicht ansehen. Es wird eines jeglichen Werk offenbar werden, und er wird einem jeglichen geben „danach er gehandelt hat bei leiblichem Leben, es sei gut oder böse" (2. Kor. 5,10; Röm. 2,6 ff.; Matth. 16,27). […] Wer wird dann bestehen? Der in guten Werken erfunden[2] wird. Nicht die Hörer, sondern die Täter des Gesetzes werden gerechtfertigt werden (Röm. 2,13). Es ist des Herrn eigenes Wort, dass in sein Himmelreich nur die kommen können, die den Willen seines Vaters im Himmel tun. (N 293 f.)

Subjekt des Tuns ist aber gerade nicht der „alte", sondern der „neue Mensch"; Subjekt des Tuns ist darum Christus als der in den Glaubenden lebende neue Mensch. Weiter sagt Bonhoeffer:

Weil wir nach unseren Werken gerichtet werden, darum ist uns das „gute Werk" geboten. […] Um seines Heils willen sind dem Christen gute Werke vonnöten; denn wer in bösen Werken erfunden wird, der wird das Reich Gottes nicht sehen. Darum ist das gute Werk das Ziel des Christseins. Weil in diesem Leben nur eins wichtig ist, nämlich wie der Mensch im letzten Gericht bestehen kann, und weil jeder nach seinen Werken gerichtet werden wird, darum geht es in allem um die Bereitung des Christen zum guten Werk. So hat auch die Neuschöpfung des Menschen in Christus die guten Werke zum Ziel. (N 294 f.)

Als eine wesentliche und zwar als eine wesentlich eschatologische Bestimmung der Heiligung kann darum formuliert werden: „Alle Heiligung ist auf das Bestehen am Tage Jesu Christi gerichtet." (N 292) Ist aber das Gericht nach „unseren Werken" angesprochen, so ist sogleich hinzuzufügen, dass die Werke, die wir in der Nachfolge tun, Werke der „besseren Gerechtigkeit" und nicht eigentlich „unsere Werke" sind. Sie sind „Christuswerke" (N 197). Wir selbst sind es, die in guten Werken wandeln sollen, die jeden Augenblick zu guten Werken gefordert sind, und wir wissen doch, daß wir mit unseren Werken vor Gottes Gericht niemals bestehen könnten, sondern daß es *Christus allein* ist und *sein* Werk, an das wir uns im Glauben klammern (N 295). Gott allein kennt unsere guten Werke, wir kennen nur sein gutes Werk und hören sein Gebot und gehen unter seiner Gnade hin, wandeln in seinen Geboten und sündigen. Am Tag des Gerichts aber, so Bonhoeffer, werden wir „erkennen, daß es nicht *unsere* Werke sind, die hier bestehen, sondern das Werk, das *Gott* zu seiner Zeit ohne unser Wollen und Mühen *durch uns* getan hat (Matth. 25,31 ff.)" (N 296).

Dietrich-Bonhoeffer-Büste in Breslau

Anmerkungen

1 N ist die Abkürzung für Dietrich Bonhoeffers Buch „Nachfolge" aus dem Jahr 1937 in der Fassung der Dietrich Bonhoeffer Werke, Bd. 4, hg. v. Martin Kuske/Ilse Tödt, 2. durchgesehene und korrigierte Auflage, München 1994. Die Zahl dahinter zeigt die jeweilige Seitenzahl an.

2 Das Wort „erfunden" meint hier und im Folgenden „vorgefunden".

4 Methoden

Pro-und-Kontra-Diskussion

Die Methode der Pro-und-Kontra-Diskussion führt einerseits zu einer „Entschleunigung" und damit genaueren Wahrnehmung unterschiedlicher Positionen, Meinungen und Begriffsverständnisse; andererseits sorgt sie dafür, dass alle Schüler und Schülerinnen involviert und zur aktiven Mitarbeit aufgerufen sind.

Vorgehensweise
Zunächst wird das Vorgehen vorgestellt:
- Die Schüler sammeln zunächst in zwei getrennten Gruppen Pro- und Kontra-Argumente.
- Einige Schüler tragen diese Argumente als Anwaltspersonen oder als Experten vor. Die Rollen der Anwaltspersonen werden mindestens doppelt besetzt.
- Ein Teil der Lerngruppe beurteilt als Zuhörende die Qualität der Argumentationsweise.
- Die Anwaltspersonen und Experten spielen eine Rolle. Diese können, müssen sie aber nicht als ihre eigene reale Position vertreten: Person und Position dürfen also deutlich voneinander getrennt sein.
- Die Anwaltspersonen beider Positionen legen ihre Strategie fest und berufen Experten, die ihre Argumentationsweise unterstützen sollen.
- Während die Anwaltspersonen und Experten sich auf ihren Auftritt vorbereiten, formuliert die Lerngruppe der Zuhörenden Kriterien überzeugender Argumentationen, an denen das Gehörte später gemessen wird.
- Die Anwaltspersonen halten nacheinander ihr Plädoyer (jeweils 2,5 Minuten; es wird ausgelost, wer beginnt), dann rufen sie ihre Experten auf, die ebenfalls 2,5 Minuten Zeit haben. In der dritten Runde greifen die Anwaltspersonen die Argumente der Gegengruppe auf bzw. an und haben Gelegenheit, ihre eigene Argumentation zu präzisieren.
- Die Zuhörenden werden befragt: Hat jemand durch die Debatte die eigene Meinung geändert? Warum? Was war überzeugend? Welche Argumentationen waren nachvollziehbar, welche weniger?
- Das Rollenspiel wird ausdrücklich beendet. Alle verlassen ihre Rollen. Nur die Lehrkraft bleibt in der Rolle als Moderator.
- Nun wird die Art der Argumentation zur Sprache gebracht: Waren die Formulierungen eindeutig? Hat man aneinander vorbeigeredet? Wurde eine Basis für die Verständigung geschaffen? Wurde der eigene Erfahrungshintergrund deutlich gemacht? Wurden die Voraussetzungen, auf denen die Argumente aufbauten, offen dargelegt? Überzeugten eher „schlagende" Beweise oder persönliche Zeugnisse?

Positionsspiel

Die Methode des Positionsspiels bezieht die gesamte Lerngruppe in das Unterrichtsgeschehen ein und kann in Ihnen den „homo ludens" (spielender Mensch) wecken. Das Positionsspiel ruft zur aktiven Mitarbeit auf, lässt Ihnen aber auch die Möglichkeit zum individuellen Rückzug bzw. zur individuellen Gestaltung Ihrer Stellungnahme.

Vorgehensweise
Zunächst wird das Vorgehen vorgestellt:
- Die Lehrkraft fordert die Lerngruppe auf, sich auf einer im Raum ausgelegten oder auf den Boden aufgeklebten (Kreppband) Linie aufzustellen, an deren äußeren Polen Schilder mit Ja oder Nein angebracht sind.
- Auf diese Weise sind die Schüler gefordert, „Gesicht zu zeigen" und im wahrsten Sinne des Wortes Position zu beziehen.
- Die Linie bietet auch die Möglichkeit, differenziert näher bei dem einen oder anderen Pol zu stehen.
- Die Lehrkraft nennt ein Frage oder eine Position, zu der die Schüler Stellung beziehen sollen. Hierbei ist darauf zu achten, dass die Frage tatsächlich mit Ja oder Nein beantwortet werden kann.
- In kurzen Stellungnahmen können die Schüler ihre Position kurz erläutern.
- Zur Auswertung des Positionsspiels kann besprochen werden, wann eine Antwort leicht- oder schwerfiel und was dabei eine Rolle spielte.
- Am Ende kann die Frage stehen: Was wäre anders gewesen, wenn die jeweiligen Positionsbestimmungen lediglich verbal geäußert worden wären?

Placemat-Methode

Die Methode des Placemat verhilft Ihnen zugleich zu einer individuellen und einer gemeinsamen Auseinandersetzung.

Vorgehensweise
Jede Gruppe erhält ein vorbereitetes DIN-A3-Blatt mit einer gekennzeichneten Blattmitte und einem viergeteilten Außenfeld.

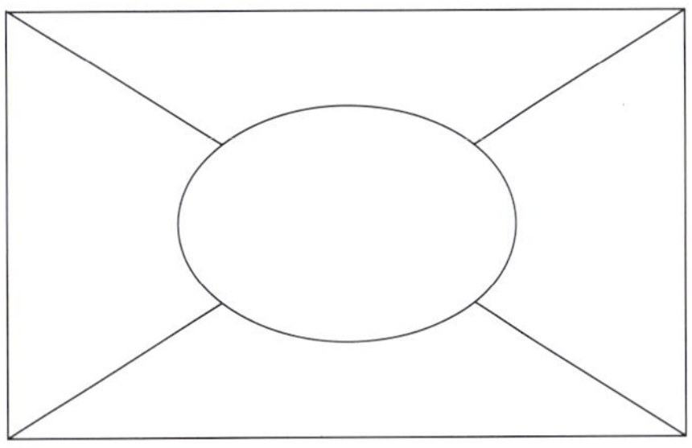

Alle bearbeiten gleichzeitig in ihrem Außenfeld folgende Aufgaben:
- Notieren Sie knapp, aber verständlich zwei bis drei Einschätzungen zum Satz/Bild in Ihrem Feld.
- Drehen Sie das Blatt so lange um einen Platz weiter, bis alle von Ihnen die Ergebnisse der anderen Mitglieder gelesen haben.
- Einigen Sie sich anschließend auf eine gemeinsame Formulierung und notieren Sie diese in der Blattmitte.

Konspektieren/Erstellen eines Konspekts

Ein Konspekt (lat. Anblick, Betrachtung, schriftliche Übersicht) soll *zentrale Aussagen des Textes* bzw. den ‚roten Faden', d. h. *die gedankliche Struktur des Textes*, sichtbar machen.
Dies ermöglicht und sichert zum einen das Textverständnis, erleichtert die kritische Auseinandersetzung mit dem Text und dient als Grundlage für weitere Arbeitsschritte wie Textwiedergabe, -erörterung, -analyse oder auch -interpretation. Zum anderen kann man sich mithilfe eines Konspekts zu einem späteren Zeitpunkt möglichst schnell einen Überblick über den Text verschaffen. Damit stellt der Konspekt eine grundlegende Arbeitstechnik des wissenschaftlichen Arbeitens mit Texten dar.

Vorgehensweise
Konspekte können in unterschiedlicher *Form* angefertigt werden, allen gemeinsam ist die klar gegliederte, übersichtliche Form:

- Sie können Konspekte als *Tabellen* anfertigen, aber auch als *Verlaufsdiagramm*, das den chronologischen Ablauf von Geschehnissen darstellt. *Strukturdiagramme* können gedankliche Bezüge erkennbar machen. In *grafischen Konspekten* soll die Verwendung grafischer Elemente – wie Pfeile, Markierungen, Unterstreichungen – gedankliche Strukturen des Textes abbilden, Zeichnungen und/oder Symbole helfen als Gedächtnisstütze.
- Im *Konspektkopf* werden Autor, Titel, Textgattung/-sorte, Erscheinungsjahr und -ort sowie das Datum der Abfassung des Konspekts sowie die Seitennummerierung des Konspekts (Seite 1 von 3 als „1/3") angegeben.
- Nach intensivem Lesen (evtl. mithilfe der 5-Schritt-Lesemethode) sollte sich die *Gliederung des Konspekts* am Text orientieren und vorhandene (Kapitel-)Überschriften berücksichtigen. Der weitere Text ist in Sinnabschnitte zu gliedern. Um eine möglichst hohe Verarbeitungstiefe zu erreichen, d. h. um für sich selbst sicherzustellen, dass der Text wirklich verstanden wurde, sollte der Inhalt des Textes bzw. der Gedankengang des Autors *vollständig in eigenen Worten wiedergegeben und dabei zusammengefasst* werden. Vermeiden Sie die Übernahme von ganzen Textpassagen! Definitionen, Schlüsselbegriffe oder Verweise auf wichtige Zitate dürfen jedoch übernommen werden.
- Abschließend sollten Sie die wesentliche Textaussage/den *Kerngedanken kurz zusammenfassen* und ggf. *Fragen oder Notizen zum Text* ergänzen.

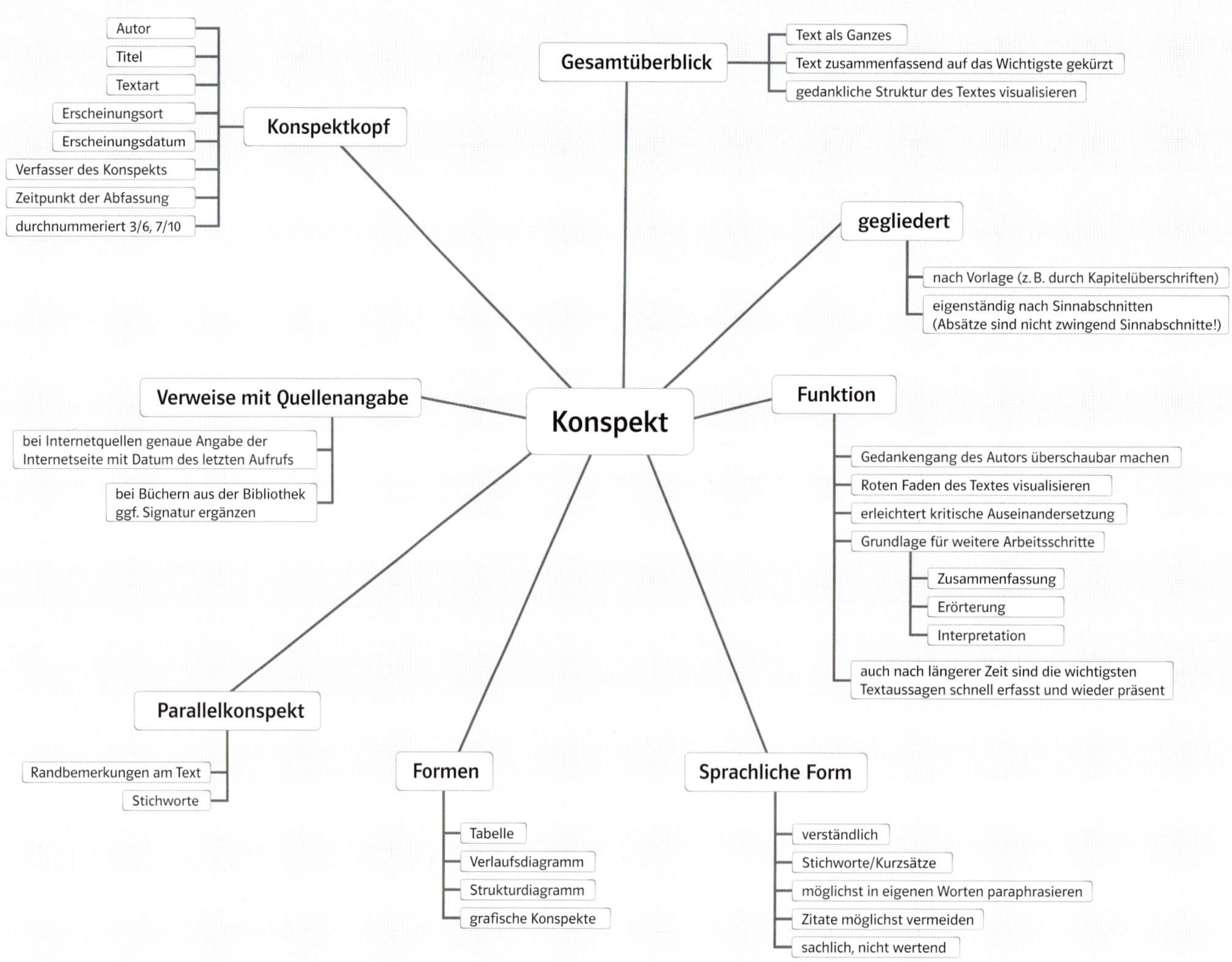

5 Operatoren

Die Anregungen zur Weiterarbeit zu den Texten, Bildern, Fotos, Gestaltungen usw. wurden weitgehend unter Zuhilfenahme der Operatoren formuliert, die signalisieren, welche Tätigkeiten beim Lösen von Aufgaben gefordert werden. Sie sind den „Einheitlichen Prüfungsanforderungen in der Abiturprüfung Katholische Religion" (EPA), die die Kultusministerkonferenz 2006 beschlossen hat, entnommen. Dort sind sie für das Formulieren von Abiturprüfungsaufgaben verbindliche festgelegt und bestimmten Anforderungsbereichen zugeordnet worden. Der Anforderungsbereich I soll bei einer Prüfaufgabe (Klausur) mit ca. 40 % vertreten sein, die Bereiche II und III mit jeweils ca. 30 %. Obwohl zwischen Prüfaufgaben und Lernaufgaben zu unterscheiden ist – und dieses Heft sich mit Lernaufgaben befasst, die weit mehr umfassen als Prüfbares – ist es sinnvoll, mit den Operatoren bereits in der gymnasialen Oberstufe und soweit wie möglich auch bei Lernaufgaben zu arbeiten, damit die Schülerinnen und Schüler frühzeitig Gelegenheit erhalten, sich mit den durch die Operatoren angezeigten Anforderungsbereichen vertraut zu machen. Im Folgenden wird die Operatorenliste der EPA wiedergegeben. Einzelne Bundesländer haben sich auf eine weniger umfangreiche Liste verständigt.

Anforderungsbereich I

Operatoren	Definitionen
• nennen • benennen	ausgewählte Elemente, Aspekte, Merkmale, Begriffe, Personen etc. unkommentiert angeben
• skizzieren	einen bekannten oder erkannten Sachverhalt oder Gedankengang in seinen Grundzügen ausdrücken
• formulieren • darstellen • aufzeigen	den Gedankengang oder die Hauptaussage eines Textes oder einer Position mit eigenen Worten darlegen
• wiedergeben	einen bekannten oder erkannten Sachverhalt oder den Inhalt eines Textes unter Verwendung der Fachsprache mit eigenen Worten ausdrücken
• beschreiben	die Merkmale eines Bildes oder eines anderen Materials mit Worten in Einzelheiten schildern
• zusammenfassen	die Kernaussagen eines Textes komprimiert und strukturiert darlegen

Anforderungsbereich II

Operatoren	Definitionen
• einordnen • zuordnen	einen bekannten oder erkannten Sachverhalt in einen neuen oder anderen Zusammenhang stellen oder die Position eines Verfassers bezüglich einer bestimmten Religion, Konfession, Denkrichtung etc. unter Verweis auf Textstellen und in Verbindung mit Vorwissen bestimmen
• anwenden	einen bekannten Sachverhalt oder eine bekannte Methode auf etwas Neues beziehen
• belegen • nachweisen	Aussagen durch Textstellen oder bekannte Sachverhalte stützen
• begründen	Aussagen durch Argumente stützen
• erläutern • erklären • entfalten	einen Sachverhalt, eine These etc. ggf. mit zusätzlichen Informationen und Beispielen nachvollziehbar veranschaulichen
• herausarbeiten	aus Aussagen eines Textes einen Sachverhalt oder eine Position erkennen und darstellen

Operatoren	Definitionen
• vergleichen	nach vorgegebenen oder selbst gewählten Gesichtspunkten Gemeinsamkeiten, Ähnlichkeiten und Unterschiede ermitteln und darstellen
• analysieren • untersuchen	unter gezielter Fragestellung Elemente, Strukturmerkmale und Zusammenhänge systematisch erschließen und darstellen
• in Beziehung setzen	Zusammenhänge unter vorgegebenen oder selbst gewählten Gesichtspunkten begründet herstellen

Anforderungsbereich III

Operatoren	Definitionen
• sich auseinandersetzen mit	ein begründetes eigenes Urteil zu einer Position oder einem dargestellten Sachverhalt entwickeln
• beurteilen • bewerten • Stellung nehmen • einen begründeten Standpunkt einnehmen	zu einem Sachverhalt unter Verwendung von Fachwissen und Fachmethoden sich begründet positionieren (Sach- bzw. Werturteil)
• erörtern	die Vielschichtigkeit eines Beurteilungsproblems erkennen und darstellen, dazu Thesen erfassen bzw. aufstellen, Argumente formulieren, nachvollziehbare Zusammenhänge herstellen und dabei eine begründete Schlussfolgerung erarbeiten (dialektische Erörterung)
• prüfen • überprüfen	eine Meinung, Aussage, These, Argumentation nachvollziehen, kritisch befragen und auf der Grundlage erworbener Fachkenntnisse begründet beurteilen
• interpretieren	einen Text oder ein anderes Material (z. B. Bild, Karikatur, Tondokument, Film) sachgemäß analysieren und auf der Basis methodisch reflektierten Deutens zu einer schlüssigen Gesamtauslegung gelangen
• gestalten • entwerfen	sich textbezogen mit einer Fragestellung kreativ auseinandersetzen
• Stellung nehmen aus der Sicht von … • eine Erwiderung formulieren aus der Sicht von …	eine unbekannte Position, Argumentation oder Theorie aus der Perspektive einer bekannten Position beleuchten oder infrage stellen und ein begründetes Urteil abgeben
• Konsequenzen aufzeigen • Perspektiven entwickeln	Schlussfolgerungen ziehen; Perspektiven, Modelle, Handlungsmöglichkeiten, Konzepte u. a. entfalten

Literaturverzeichnis

4: Karl Barth: Dogmatik im Grundriß, Zürich:TVZ [10]1987, S. 144

4, 23, 26, 57 ff.: Enzyklika Spe salvi von Papst Benedikt XVI., 30. November 2007; www.dbk-shop.de/de/Deutsche-Bischofs konferenz/Verlautbarungen-des-Apostolischen-Stuhls/Enzyklika-SPE-SALVI-von-Papst-Benedikt-XVI.html

5: Reinhard Slenczka, Ziel und Ende. Einweisung in die christliche Endzeiterwartung: „Der Herr ist nahe", Neuendettelsau: Freimund Verlag 2008, S. 13–17 (in Auszügen)

6: Else Schubert-Christaller: In deinen Toren Jerusalem. Jüdische Legenden nacherzählt. Mit einem Geleitwort von Albrecht Goes, Heilbronn: Eugen Salzer Verlag [6]1978 (1929), S. 9

6: Reiner Andreas Neuschäfer nach verschiedenen Texten seit dem 11.11.2001 im Internet. Vgl. Doris Iding: Es muss dir nicht bang sein, München: Kösel 2004, S. 10–12

7: Der Trick dabei, Text: Engler, Hartmut/Reidl, Ingo © Abenteuerland Verlagsgesellschaft mbH bei Arabella Musikverlag GmbH, Berlin

7: Richard Rohr, Dem Wunder begegnen. Ein Begleiter auf dem Weg nach Ostern, Freiburg 2012

8: Wie tief kann ich fallen, Text: Siebald, Manfred © 1979 Gerth Medien Musikverlag, Asslar

9: Rudolf Voderholzer, in: Credo. Ein Magazin zum Jahr des Glaubens 2013, S. 55 (www.credomagazin.de) redaktion@credomagazin.de

11: Interpretation zur Skulptur aus der Feder von Jan Vering, in: Siegfried Fietz: Aufbruch wagen zwischen Alpha und Omega, Greifenstein 2012.

15: Reinhard Slenczka, Ziel und Ende. Einweisung in die christliche Endzeiterwartung: „Der Herr ist nahe", Neuendettelsau: Freimund 2008, S. 391 f.

17 f.: Eckhard J. Schnabel, Das Neue Testament und die Endzeit, Gießen: Brunnen Verlag 2013, S. 13–17

18 ff.: Johanna Rahner, Einführung in die christliche Eschatologie, Freiburg: Herder Verlag 2010, S. 66 f.

20: Reinhard Slenczka, Ziel und Ende. Einweisung in die christliche Endzeiterwartung: „Der Herr ist nahe", Neuendettelsau: Freimund 2008, S. 63 f. (in Auszügen)

22: unter: http://www.mobile-elternmagzin.de/elvis/drucken?k_beitrag=1208957&k_onl_struktur=385570 © Freiburg: Herder Verlag 2007

24: Markus Mühling, Grundinformation Eschatologie, Göttingen: Vandenhoeck & Ruprecht 2007, S. 43–52 (in Auszügen)

27: Reiner Andreas Neuschäfer, in: BiblioTheke 4/2008, Bonn: Borromäusverein 2008, S. 17–19

29: Max Dirkmorfeld, Halle/Westfalen, unveröffentlicht

30: Johanna Rahner, Einführung in die christliche Eschatologie, Freiburg: Herder Verlag 2010, S. 233–247 (in Auszügen)

32: Thomas Söding: Das Matthäusevangelium in der Bibel, Freiburg im Breisgau: Herder Verlag 2013, S. 122–125 (in Auszügen)

33: Johanna Rahner: Einführung in die christliche Eschatologie, Freiburg: Herder Verlag 2010, S. 204–207 (in Auszügen)

34: Es kommt ein Tag nach allen Tagen, Text: Hansen, Johannes © 50 % ABAKUS Musik Barbara Fietz, 35753 Greifenstein, 50 % Verlag Reinhard Kawohl, Wesel

34: Johanna Rahner, Einführung in die christliche Eschatologie, Freiburg: Herder Verlag 2010, S. 209–212 (in Auszügen)

35: Das wird ein Staunen geben, Text: Siebald, Manfred © SCM Hänssler, D-71087 Holzgerlingen

36: Sabine Pemsel-Maier, Himmel – Hölle – Fegefeuer, Stuttgart: Verlag Katholisches Bibelwerk 2001, S. 25

36: Johanna Rahner, Einführung in die christliche Eschatologie, Freiburg: Herder Verlag 2010, S. 303–305 (in Auszügen)

36 f.: Reinhard Slenczka, Ziel und Ende. Einweisung in die christliche Endzeiterwartung: „Der Herr ist nahe", Neuendettelsau: Freimund Verlag 2008, S. 507–514 (in Auszügen)

39: Thomas Klie, Performanzen des Todes. Neue Bestattungskultur und kirchliche Wahrnehmung. Stuttgart 2008. Klappentext

40: Nimmst du mich noch einmal an, Text: Siebald, Manfred © 1979 Gerth Medien Musikverlag, Asslar

42: Georg Magirius, unter: http://georgmagirius.de/download/zeitung/ez/kolumne/ztg_ez_kolumne03JesusFeigenbaum.pdf

42: Und sollte morgen die Welt untergehn, Text: Siebald, Manfred © SCM Hänssler, D-71087 Holzgerlingen

43: Manfred Siebald, Lass uns leise jubeln. Noch mehr Liedergeschichten, Holzgerlingen: SCM Hänssler 2013, S. 88–90

43: Dietrich Bonhoeffer: Widerstand und Ergebung (1942/43), in: DBW 8/1998, S. 36

44: Enzyklika Lumen fidei von Papst Franziskus, 2013; http://www.dbk-shop.de/de/Deutsche-Bischofskonferenz/Verlautbarungen-des-Apostolischen-Stuhls/Enzyklika-LUMEN-FIDEI-von-Papst-Franziskus-ueber-den-Glauben.html

45: Wolfgang Huber, Gerechtigkeit und Recht: Grundlinien christlicher Rechtsethik, Gütersloh: Gütersloher Verlagshaus (Verlagsgruppe Random House), 3. Aufl. 2006, S. 205–208 (in Auszügen)

45 f.: Jürgen Werbick: Hoffnung für diese Welt auf eine neue Welt. Individuelle und/oder kosmische Eschatologie, in: Uwe Swarat/Thomas Söding (Hg.): Gemeinsame Hoffnung über den Tod hinaus. Eschatologie im ökumenischen Gespräch (Quaestiones Disputatae 257), Freiburg/Basel/Wien 2012, S. 191–208, hier: S. 200–203

46: Reinhard Slenczka, Ziel und Ende. Einweisung in die christliche Endzeiterwartung: „Der Herr ist nahe", Neuendettelsau: Freimund Verlag 2008, S. 434

47 ff.: unter: www.vaticanradio.org/ted/Articolo.asp?c=73612 (© Radio Vatikan, 2006)

49 f.: Reinhard Slenczka, Ziel und Ende. Einweisung in die christliche Endzeiterwartung: „Der Herr ist nahe", Neuendettelsau: Freimund Verlag 2008, S. 401–409 (in Auszügen)

51 f.: Hans-Joachim Eckstein, Du hast mir den Himmel geöffnet. Perspektiven der Hoffnung, Holzgerlingen: SCM Hänssler [2]2004, S. 143–148

52 f.: Friedhof, Text: Mey, Reinhard © edition reinhard mey GmbH, Berlin

54 f.: Armin D. Baum, Was stand der Osterfreude im Weg? © Armin D. Baum (www.armin-baum.de), Erstveröffentlichung in: Idea Sprektrum 14/2012, S. 26 f.

55 f.: Lass nun ruhig los das Ruder, Text: Mey, Reinhard © edition reinhard mey GmbH, Berlin

56 f.: Kriegslied, Matthias Claudius, zitiert nach: Reiner Andreas Neuschäfer: Von allen Seiten umgibst du mich. Anthropologie. Göttingen 2009.

63: Jürgen Domian: Interview mit dem Tod, Gütersloh: Gütersloher Verlagshaus 2012, S. 20–24

65: Joachim Dachsel, in: Wilhelm Bruners/Wolfgang Schwarz (Hg.): Und es kam die Zeit. Ein Weg durch das Lukas-Evangelium, Frankfurt: Beerenverlag 2000

68: Clouds, And we'll go up, up, up, Text: Sobiech, Zachary David © Up Up Up Publishing/Roba Music Verlag GmbH, Hamburg

69: Dorothee Sölle: Mystik des Todes. Ein Fragment, Freiburg im Breisgau: Herder 2011 (Neuausgabe der Ausgabe im Kreuz-Verlag 2003), S. 34 f.

70: Was wir so fest in Händen halten, Text: Siebald, Manfred © 1985 SCM Hänssler, D-71087 Holzgerlingen

71 ff.: Vortrag auf dem Ökumenischen Kirchentag München 2010, unter: www.oekt2010.de/presse/dokumente/dateien/BIB_007_1771.pdf (in Auszügen)

73: Wolfgang Borchert, Draußen vor der Tür und ausgewählte Erzählungen, Hamburg: Rowohlt 1956, S. 82

74: Dietrich Bonhoeffer, Nachfolge, hg. v. Martin Kuske/Ilse Tödt, München: Kaiser [2]1994, © Gütersloh: Gütersloher Verlagshaus, S. 291–296 (in Auszügen), zusammengestellt bei Florian Schmitz, Nachfolge. Zur Theologie Dietrich Bonhoeffers, Göttingen: Vandenhoeck & Ruprecht 2013

Die Bibelstellen sind nach der Einheitsübersetzung wiedergegeben. © Katholisches Bibelwerk, Stuttgart

Bildquellennachweis

Umschlag.1 Fotolia.com (Roman Sakhno), New York; **Umschlag.2** Fotolia.com (Photobank), New York; **Umschlag.3** Fotolia.com (Péter Mács), New York; **Umschlag.4** Fotolia.com (lightpoet), New York; **4** Roger Schmidt, Karikatur-Cartoon, Brunsbüttel; **6** shutterstock (f2.8), New York, NY; **7** Neuschäfer, Dr. Reiner Andreas, Erkelenz; **8.1; 8.3** Neuschäfer, Dr. Reiner Andreas, Erkelenz; **8.2** Fotolia.com (digitalstock), New York; **9** Neuschäfer, Dr. Reiner Andreas, Erkelenz; **10** Fotolia.com (malija), New York; **11.1; 11.2** Foto: Florian Fietz © ABAKUS Musik Barbara Fietz, 35753 Greifenstein; **11.3** Thinkstock (iStock/vschlichting), München; **12.2; 12.3; 12.4** Neuschäfer, Dr. Reiner Andreas, Erkelenz; **12.2** Imago, Berlin; **13.1** von Knorre, Dr. Peter, Haiger; **13.2** Picture-Alliance (dpa/Uwe Anspach), Frankfurt; **13.3** Koch, Saskia, Wuppertal; **14.1; 14.2; 14.3; 14.4** Neuschäfer, Dr. Reiner Andreas, Erkelenz; **15.1** Versicherer im Raum der Kirchen Die Akademie GmbH, Kassel; **15.2** f1 online digitale Bildagentur (Agefotostock), Frankfurt; **16.1** Thinkstock (Wavebreakmedia Ltd), München; **16.2; 16.3** Neuschäfer, Dr. Reiner Andreas, Erkelenz; **16.4** Fotolia.com (silbru.dd), New York; **16.5** Fotolia.com (Jiri Hera), New York; **20.1; 20.2** Neuschäfer, Dr. Reiner Andreas, Erkelenz; **23.1; 23.2** Neuschäfer, Dr. Reiner Andreas, Erkelenz; **24.1** Neuschäfer, Dr. Reiner Andreas, Erkelenz; **24.2** © Browne/Distr. King Features Syndicate/Distr. Bulls; **25.1; 25.2; 25.3** Neuschäfer, Dr. Reiner Andreas, Erkelenz; **28.1** Burkhalter, Stefan, Basel; **28.2; 28.3** Neuschäfer, Dr. Reiner Andreas, Erkelenz; **29** Dirkmorfeld, Max, Halle; **35** Atelier Dietmar Heinzel (Andreas Stommel), Erkelenz; **38** © Nolde Stiftung Seebüll, mit Genehmigung der Nold Stiftung Seebüll; **39.1; 39.2; 39.3** Neuschäfer, Dr. Reiner Andreas, Erkelenz; **39.4** Imago (Reiner Zensen), Berlin; **40.1** Imago (Steinach), Berlin; **40.2** Fotolia.com (E. Schittenhelm), New York; **40.3** Neuschäfer, Dr. Reiner Andreas, Erkelenz; **40.4** Masterfile Deutschland GmbH (Westend61), Düsseldorf; **40.5** Ullstein Bild GmbH (Bork), Berlin; **41.1** BPK (Elke Walford/Hamburger Kunsthalle), Berlin; **41.2** akg-images (Schütze/Rodemann), Berlin; **43** Fotolia.com (K.-U. Häßler), New York; **44.1; 44.2; 44.3** Neuschäfer, Dr. Reiner Andreas, Erkelenz; **45** Thinkstock (iStock/so_illustrator), München; **46** Neuschäfer, Dr. Reiner Andreas, Erkelenz; **51** Fotolia.com (alswart), New York; **52.1** Fotolia.com (ommbeu), New York; **52.2** Krille, Harald, Weimar; **52.3** Neuschäfer, Dr. Reiner Andreas, Erkelenz; **53.1; 53.2; 53.3** Neuschäfer, Dr. Reiner Andreas, Erkelenz; **55.1** Hauck und Bauer, Berlin; **55.2** Thinkstock (iStcok/ChristianColmer), München; **56** Glow Images GmbH (imageBROKER RM), München; **58** Neuschäfer, Dr. Reiner Andreas, Erkelenz; **59** Neuschäfer, Dr. Reiner Andreas, Erkelenz; **60** Neuschäfer, Dr. Reiner Andreas, Erkelenz; **61** Thinkstock (iStock/Sherry Holub), München; **62.1; 62.2** Neuschäfer, Dr. Reiner Andreas, Erkelenz; **64.1** Neuschäfer, Dr. Reiner Andreas, Erkelenz; **64.2** Corbis (Van Gogh Museum, Amsterdam), Berlin; **65.1; 65.2; 65.4** Neuschäfer, Dr. Reiner Andreas, Erkelenz; **65.3** Susett Heise, www.galerie-susett.de, Mettmann; **66.1** Fotolia.com (picturemaker01), New York; **66.2** Neuschäfer, Dr. Reiner Andreas, Erkelenz; **66.3** Kretzer, Claudius; **66.4** Fotolia.com (Tobias Arhelger), New York; **66.5** Fotolia.com (K.-U. Häßler), New York; **66.6** Fotolia.com (S. Kobold), New York; **67** Gertler, Ursula, Dortmund; **68** Corbis (Retna/Tony Nelson), Berlin; **69** Fotolia.com (umnola), New York; **70** Neuschäfer, Dr. Reiner Andreas, Erkelenz; **73.1** Hans Hemmert: german panther, 2007, Luftballon/Luft/Kleber, 960 x 370 x 300 cm, Installationsansicht Städtische Galerie Nordhorn, © Der Künstler und © VG Bild-Kunst, Bonn 2014; **73.2** © Browne/Distr. King Features Syndicate/Distr. Bulls; **74** Couson, Horst, Wegberg

Sollte es in einem Einzelfall nicht gelungen sein, den korrekten Rechteinhaber ausfindig zu machen, so werden berechtigte Ansprüche selbstverständlich im Rahmen der üblichen Regelungen abgegolten.